Paul Fournel

DIE LIEBE
ZUM FAHRRAD

Aus dem Französischen
von Nathalie Mälzer
und Stefan Rodecurt

Die Originalausgabe dieses Buches ist unter dem Titel

»Besoin de vélo« bei Éditions du Seuil, Paris, erschienen.

© Éditions du Seuil, 2001

Paul Fournel:

Die Liebe zum Fahrrad

Erzählungen

Aus dem Französischen von Nathalie Mälzer

und Stefan Rodecurt

Covadonga Verlag, Bielefeld – 2012

ISBN 978-3-936973-65-5

Coverillustration: Marc Locatelli

Porträtfoto des Autors: Martine F.

Der Anhang »Sur le Tour de France 1996« (Seiten 161 bis 236 der französischen Originalausgabe) ist nicht Teil der deutschsprachigen Ausgabe.

Covadonga ist der Verlag für Radsportliteratur.

Besuchen Sie uns im Internet: *www.covadonga.de*

... und er ist ein schnellerer Mensch.

Maurice Leblanc, *Nun wachsen uns Flügel*

Für meinen Freund Louis, der ins Blaue pedaliert.

*Für den Baron, Chacha und Mado, Rémy, Sébastien,
Rino, Jean-Noël, Plaine, Jacques, Jean-Loup, Jean, Titch,
Furnon, Madel, Philippe, für Jean-Louis, für Daniel,
für Marc, für Denis, für Ernest, für Harry, für Claire,
für Jean-Emmanuel, für Christian …*

*Und für alle, die mir vorausgegangen sind
und die ich hier vergessen habe.*

Der Autor

Paul Fournel wurde 1947 in Saint-Étienne als Sohn eines Buchhändlers geboren. Schon im Alter von fünf Jahren beschloss er, Schriftsteller zu werden. Er studierte Literaturwissenschaften an der *École normale supérieure* in Saint-Cloud und hat seither zahlreiche Bücher veröffentlicht: Romane und Gedichtbände, Essays und autobiografische Erzählungen. Bereits mehrfach wurde er für seine Arbeiten mit renommierten Literaturpreisen ausgezeichnet, unter anderem mit dem *Prix Goncourt de la Nouvelle*. Seit 1972 gehört er der internationalen Autorenvereinigung *OuLiPo* (»Werkstatt für Potentielle Literatur«) an, deren Präsident er seit 2003 ist.

Paul Fournel war als Lektor und Programmleiter für bedeutende französische Verlagshäuser tätig, darunter Hachette, Ramsay und Seghers. Er lehrte Literaturwissenschaften an den Universitäten Paris und Princeton, leitete die Niederlassung der *Alliance Française* in San

Francisco und war Präsident des Schriftstellerverbandes *Société des Gens de Lettres.* Im Jahr 2007 wurde er Kulturattaché der französischen Botschaft in London – ein Amt, das er zuvor auch bereits in Kairo bekleidet hatte. Ende 2010 kehrte er nach Paris zurück, um sich nun ganz dem Schreiben zu widmen.

Paul Fournels zweite Leidenschaft neben der Literatur gehört seit Kindertagen dem Rennrad.

Inhalt

RASENDES RAD

Longchamp

Ich erinnere mich sehr gut an den Hund. Er hatte gelbes Fell, ein Boxer. Ich erinnere mich genau, dass ich ihn als Letzter lebend gesehen habe, schließlich habe ich ihn überfahren.

Im selben Augenblick spürte ich, wie mein Vorderrad sich verbog und der Lenker meinen linken Arm quetschte. Ich spürte den Atem des Pelotons, das schreiend auseinanderstob. Dann wachte ich auf. Ich saß in Longchamp auf dem Boden und versuchte, meine Telefonnummer in den Sand zu schreiben – falls ich noch mal in Ohnmacht fallen würde.

Zuerst kam die Klinik, in dem das Ärzteteam mit meinem übel zugerichteten Arm überfordert war. Dann kam die schlecht gefederte Ambulanz, in der ich bei jeder kleinsten Bodenwelle wimmerte, und schließlich die Endstation: das Krankenhaus Boucicaut mit der Notfallabteilung für Handchirurgie.

Es war fünfzehn Uhr, und meine Sonntagvormittags-Ausfahrt ragte schon weit in den Nachmittag hinein.

Meinen Arm hatte man mit einer Schiene ruhiggestellt.

»Sie haben Knochensubstanz verloren, wir müssen Schraubenimplantate einsetzen und für die Transplantation Knochenmaterial aus der Hüfte entnehmen«, erklärte mir der Chirurg und ging Mittagessen. Ich verdaute noch meinen Müsliriegel, den ich während meiner Ausfahrt gegessen hatte, als man mich in den Operationstrakt hinunterbrachte.

Zu dem Zeitpunkt fuhr eine sechsköpfige Gruppe an der Spitze, und ich hatte den Eindruck, dass der große Demeyer in der Defensive blieb. Er ging die Abschnitte mit dem Kopfsteinpflaster vorsichtig an, fuhr zwar kraftvoll wie immer, doch so wie auf Zehenspitzen. Moser und De Vlaeminck schienen nicht den besten Tag erwischt zu haben. Hinault führte die Ausreißergruppe an, mit verbissener Miene, wie an allen harten Tagen. Paris–Roubaix, die »Hölle des Nordens«, ist kein Rennen, bei dem die Fahrer zum Scherzen aufgelegt sind. Hinaults Regenbogentrikot war schmutzig, so schmutzig, dass man es nicht einmal mit Schutzhandschuhen anfassen mochte. Die Großaufnahmen zeigten ihn – konzentriert und verschlossen. Aber er machte kaum Anstalten, seine Verfolger abzuschütteln, und nichts war ärgerlicher, als mitansehen zu müssen, wie er alle ins Schlepptau nach Roubaix nahm.

Die Fahrer waren nur noch zehn Kilometer vom Ziel entfernt, dem Velodrom von Roubaix, als der Chirurg zurückkehrte.

»Es geht los, der OP-Saal ist bereit.«

»Nur noch ein paar Minuten ... Ich möchte mir die Schlussphase ansehen.«

»Wir erzählen sie Ihnen hinterher.«

»Ich werde nicht einschlafen, wenn ich nicht weiß, wie das Rennen ausgeht.«

»Das sollte mich wundern, bei dem, was wir Ihnen gleich verabreichen!«

Dann beging der Chirurg den entscheidenden Fehler: Er drehte sich zum Fernseher um und konnte nicht mehr umhin, sich auf meine Bettkante zu setzen. Die Schlussphase war derart spannungsgeladen, dass er kein Wort mehr hinzufügte.

Kuiper bog als Erster in die altehrwürdige Radrennbahn ein, mit De Vlaeminck am Hinterrad. Vierhundert Meter vor dem Ziel übernahm Hinault, der »Dachs«, das Kommando und machte Druck. Demeyer versuchte, innen zu passieren – doch vergebens. Niemand vermochte ihn bei seinem fulminanten Schlussspurt abzufangen.

Hinault reckte seinen Blumenstrauß in die Höhe und verkündete öffentlich, dieses Rennen sei totaler Schwachsinn. Er wusste, wovon er redete.

Danach kam die erste Spritze, die Krankenbahre, der grüne Kittel, die zweite Spritze. Ich schwebte auf einer Wolke über dem OP-Tisch und nahm die Instrumente in Augenschein, die funkelnd dalagen: Nägel, Schrauben, Schienen, Klammern, eine Säge …

Darunter ein Bohrer von Black & Decker. Voll Bedauern, dass es keiner von Peugeot war, schlief ich ein … Ein tolles Team, die Jungs von Peugeot!

Saint-Julien

Das war nicht mein erster Crash gewesen.

Jeder Radfahrer, selbst der blutigste Anfänger, weiß, dass er in seinem Leben über kurz oder lang einmal Bekanntschaft mit einer Autotür machen wird. Die Tür kann jederzeit, mal links, mal rechts, vor ihm aufspringen. Immer und überall lauert die Gefahr, auch dort, wo er sie am wenigsten erwartet: an einer Kreuzung, einem Abzweig, auf einer schnurgeraden, menschenleeren Straße.

Als Stadtradler verfüge ich über einen breiten Erfahrungsschatz: rechte Tür, linke Tür, höher gelegte Lkw-Tür, tiefer gelegte Cabriotür, samt der Palette an Begleitkommentaren – von dem höchst seltenen »'Tschuldigung« über »Pass doch auf!« bis hin zu dem pittoresken »Sie haben mir eine Schramme in den Lack gemacht«. Bei mäßiger Geschwindigkeit geht es relativ glimpflich aus: eine Fingerfraktur, ein ausgekugeltes Schultergelenk, eine hartnäckige Migräne, ein gefährlicher Spagat auf einer stark befahrenen Straße.

Ich habe sehr früh mit dieser Disziplin angefangen und gleich zu Beginn meiner Karriere meine erste Tür abgekriegt. Auf dem Rückweg von einer kleinen Radtour mit meinen Cousins fuhr ich artig auf der rechten Seite, wie man es mir beigebracht hatte. Wir kurbelten ziemlich eilig, weil es bereits Essenszeit war.

Da wurde gedankenlos vor mir eine Wagentür aufgerissen. Mein Fahrrad stoppte, ich hingegen flog im hohen Bogen über die Tür – damals benutzte ich noch keine Hakenpedale. Ich landete ziemlich unsanft kopfüber im Rollsplitt. Die eine Gesichtshälfte war mit kleinen schmutzigen Steinen übersät. Ich spürte, wie meine Lippen und die eine Augenbraue anschwollen. Ich wurde einäugig und stumm. Würde meine eigene Mutter mich wiedererkennen?

Die Frau, die mir diese Überraschung bereitet hatte, kam angesichts meines zarten Alters in arge Verlegenheit. Sie nahm mich auf den Arm, trug mich in ihren Garten und dachte sich alles Mögliche aus, um die Erinnerung an unser leidvolles Zusammentreffen auszulöschen. Vor allem wollte sie sich vergewissern, dass bei mir nichts gebrochen war, und schien jeden Knochen einzeln nachzählen zu wollen. »Es war keine Absicht«, versicherte sie mir. Das glaubte ich ihr gern, denn ich kannte bereits tausend wirkungsvollere Methoden, seinen Nächsten aus dem Weg zu räumen. Sie erschien mir allmählich ziemlich wirr, und so wartete ich immer ungeduldiger auf meine Mutter.

In dem Augenblick kam der Frau der geniale Einfall, mir ein großes Glas Martini zu bringen, um mich wieder aufzupäppeln. Ich leerte es in einem Zug, und so folgte auf meine erste Kollision mit einer Autotür mein erster gründlicher Rausch. Die Dame beugte sich über mein geschwollenes

Gesicht, und pausbackig wie sie war hätte ich sie am liebsten geohrfeigt. Ich war volltrunken, übel zugerichtet, gewaltbereit und hatte nur noch einen Wunsch: wieder aufs Rad zu steigen.

Die kleine Landstraße

Mit dem Ende der Tour de France war der Sommer an seinen Tiefpunkt gelangt: Lange, heiße und ereignislose Nachmittage erwarteten mich.

Der einzige Lichtblick in diesem grauen Einerlei war die Aussicht auf das alljährliche Eliterennen unseres Dorfes, wo wir die Fahrer vor unserem Haus mit Ersatzreifen und Wasserflaschen versorgten.

Ich war zehn Jahre alt, hatte ein grünes Rad und bereitete mich auf das Ereignis vor, als ginge ich selbst an den Start. Mein Training bestand aus einer Reihe irrwitziger Sprints vom Haus bis ins Dorf. Die Landstraße war damals menschenleer. So konnte ich Schlangenlinien fahren, ohne meinen ärgsten Konkurrenten, André Darrigade, zu gefährden, mit dem ich mir auf den letzten dreihundert Metern denkwürdige Duelle lieferte, während der Dritte im Bunde, der tapfere Roger Hassenforder, weit abgeschlagen und mit hängender Zunge hinter uns herfuhr. In aller Regel fuhr ich mit siegreich gen Himmel gereckten Armen über die Ziellinie, die genau vor meiner Haustür lag. Manchmal, wenn der Kampf auf Messers Schneide stand, musste ich das Rad im Panthersprung über den Zielstrich wuchten, um Darrigade den Sieg um eine Reifenbreite zu entreißen.

Aber wehe, ich verlor hauchdünn! Dann trommelte ich mit Fäusten auf meinen Lenker ein und verlangte Revanche.

Der Wettkampf an jenem Nachmittag war dramatisch. Es herrschte eine brütende Hitze, und wir hatten uns im staubigen Sonnenschein eine Serie von Sprints geliefert. Mir brannte die Kehle, meine Muskulatur war verhärtet. Da ich zugegebenermaßen von eher molliger Statur war, wurden meine Oberschenkelmuskeln mächtig beansprucht. So musste ich im Blindflug mit gekrümmtem Rücken und eingezogenem Kopf in den Zielsprint gehen.

Als ich mit einem letzten Ächzen wieder den Kopf hob, um mich zu vergewissern, dass ich auch wirklich gewonnen hatte, sah ich eine beleibte Dame auf mich zusteuern, nur noch wenige Zentimeter von mir entfernt. Für ein Ausweich- oder Bremsmanöver war es zu spät. Es kam zum Frontalzusammenstoß, bei dem Obst und Gemüse durch die Luft wirbelten.

Mein Vorderrad war genau gegen ihres geprallt. Die Kiste, die sie auf ihrem Gepäckträger transportierte, das Baguette und der Wein aus dem Korb am Lenker lagen am Boden verstreut. Die Dame saß auf dem Asphalt, ihr schwarzes Kleid war hochgerutscht, der Dutt hing schief über dem rechten Ohr. Ich pustete kräftig auf mein Knie, das wie Feuer brannte, sowie auf meinen aufgeschürften Ellbogen. Sie fragte mich lediglich, was ich auf dieser Seite der Straße zu suchen hätte, das sei schließlich ihre Seite. Mit hängendem Kopf sammelte ich jede Aubergine und jede Zucchini auf, darauf bestand ich, und spannte die Gepäckspinnen, bevor ich nach Hause humpelte, wo ich mich endlich ausweinen konnte.

Im Ance-Tal

Nach längerer Diskussion hatten wir uns durchgerungen, die Mädels mitzunehmen. Wir wollten am Ufer der Ance picknicken, und den Ältesten unter uns erschien die Anwesenheit von Frauen unverzichtbar.

Die Schönen saßen auf ihren Stadträdern, die zum Einkaufen und für Strandausflüge justiert waren: mit schlecht geölten, quietschenden Ketten. Ein Mädchen fuhr mit wiegenden Hüften auf dem Rad ihrer großen Schwester, ein anderes strampelte sich auf dem Drahtesel ihres kleinen Bruders ab, wobei ihr die Knie bei jedem Pedaltritt bis an die Schultern reichten. Unsere bunt zusammengewürfelte Truppe war alles andere als ein Peloton. Anfangs war das noch ganz spaßig, doch dann wurde uns die Zeit lang. Bei der Bummelei würde aus unserem Picknick ein später Imbiss, ein Abendessen oder gar eine Nacht unter sternenklarem Himmel werden, mal ganz abgesehen davon, dass wir uns einen Riesenärger mit unseren Eltern einhandeln würden.

Also gaben wir ein höheres Tempo vor und lösten uns an der Spitze ab. Es galt, die Mädels an der richtigen Stelle anzuschieben, damit sie besser den Anstieg meisterten.

Mit meiner Partnerin hatte ich kein Glück. Zwar zeigte sie guten Willen, war aber reichlich plump. Sie hatte sehr wohl verstanden, dass wir das ganze Theater nur veranstalteten, um ihr zu helfen, und wollte sich erkenntlich zeigen. In dem Moment, als ich sie mit einem kräftigen Schubs am Gesäß nach vorne bringen wollte, kam sie auf die großartige Idee – sie wollte meine Kräfte schonen –, aus dem Sattel zu gehen und zu beschleunigen. Meine Hand stieß ins Leere, und so stürzte ich durch meinen eigenen Schwung zu Boden.

In kritischen Situationen verwandeln sich die kleinen, nützlichen Extras an den modernen Rädern aufgrund einer Alchimie, die jedem Radsportler bekannt ist, in furchterregende Waffen. Diesmal entpuppte sich der harmlose Schalthebel als scharfe Klinge, die sich in meinen rechten Oberschenkel bohrte.

Meine Kameraden vollführten mit meinem Fahrrad eine virtuose Pirouette und entfernten auf diese Weise den metallenen Fremdkörper aus der Wunde. Blut spritzte, Fettpartikel traten zutage. Die Wunde, so schien es, würde wohl oder übel genäht werden müssen.

Der Arzt empfing mich mit den verdrießlichen Worten: »Schon wieder! Ich habe deine Faxen auf dem Rad langsam satt. Ich sehe doch, wie du mit deiner Bande durchs Dorf fegst. Die Wunde werde ich nähen – drei Wochen strikte Bettruhe! –, aber ich werde ohne Narkose nähen. Das wird dir eine Lehre sein.«

Gesagt, getan. Er war ein echter Landarzt.

Longchamp

In jenem Sommer hatte ich dreiundzwanzig Mal einen Platten. Vom vielen Auf- und Nachpumpen in Gräben und Böschungen war der Umfang meiner Arme mittlerweile größer als der meiner Oberschenkel. Ich hatte mein Budget für Reifen weit überzogen, und der allerallerletzte Ersatzmantel, den ich mir geleistet hatte, war unter meinen Sattel geschnallt. Er war noch zu neu, ich hatte ihn eilig für wenig Geld erstanden. Eigentlich nimmt man keinen Schlauchreifen mit, der nicht eingefahren ist: Er ist nicht gedehnt, hat keine Klebereste und lässt sich schwer montieren.

Als mein Vorderreifen, den ich am Vorabend aufgezogen hatte, nach zwanzig Kilometern seinen Odem an einer spitzen Reißzwecke aushauchte, sprang ich in voller Fahrt vom Rad und montierte schweren Herzens meinen letzten Schlauchreifen. Ich zog ihn, ohne frischen Kleber aufzutragen, auf ein schlecht präpariertes Felgenbett auf. Solche gravierenden Fehler macht man, wenn einem nach dem vierundzwanzigsten Zischen der Kragen platzt: Wer Tempo fährt, will nicht abrupt anhalten. Und wenn das Peloton davonzieht, bezahlst du bei der Aufholjagd jede Sekunde mit Schmerzen in den Oberschenkeln – ein platter Reifen ist nun einmal nicht das Ziel beim Radsport.

Das Dehnen des neuen Schlauchreifens – wie immer schien er viel zu klein auszufallen –, das Aufziehen unter vollem Einsatz des Oberkörpers, das Aufpumpen und das Einsetzen des Laufrads kosteten mich eine sechs Kilometer lange Verfolgungsjagd, bei der ich mich tief über den Lenker beugte, mir der Schweiß in die Augen tropfte und sich meine rechte Schulter verkrampfte. Der schlecht montierte Reifen lief am Ventil unrund und machte bei jeder Umdrehung *klick* … Ich spürte es in den Handgelenken und der Schulter. Zum Glück gab es lange gerade Abschnitte, und ich behielt das Peloton im Blickfeld.

Aus Angst, den Anschluss zu verlieren, schloss ich etwas zu schnell wieder zum Feld auf, wie das häufig passiert, wenn man unbedingt zurück in den Windschatten der Gruppe will. Als ich es endlich geschafft hatte, war ich völlig ausgelaugt, und ausgerechnet in dem Moment zogen sie an der Spitze das Tempo an.

Den Hintern genau in dieser Sekunde wieder aus dem Sattel zu heben, obwohl ich doch erst zu Atem kommen musste, war eine Tortur – es wurden gewiss schon weitaus frischere Fahrer abgehängt. Trotzdem stemmte ich mich im Wiegetritt in die Pedale, bereit, meine Oberschenkel noch einmal zum Glühen zu bringen. An der Spitze schien es nun ernsthaft zur Sache zu gehen, und die ersten verausgabten Fahrer ließen abreißen. Ich beschloss, alles in die Waagschale zu werfen, und umklammerte den Unterlenker, um das Loch zuzufahren. In altbewährter Sprintermanier begann ich, mein Rad von einer Seite zur anderen zu werfen, um alle Kraft auf die Pedale zu bringen. Ein kurzer Blick genügte: Drei Radlängen musste ich aufholen, dann starrte ich wieder auf die Vorderradnabe, um dem Wind möglichst wenig Angriffsfläche zu bieten.

So konnte ich aus nächster Nähe beobachten, wie sich mein Vorderrad verkantete und der Reifen von der Felge sprang. Dann sah ich, wie er sich wand, sich am Gabelkopf verfing und mich schließlich zu der brutalsten Vollbremsung meiner Radfahrkarriere zwang. Der Schlauch hatte sich regelrecht verknotet. Diesen Knoten könnte ich noch heute zeichnen, denn ich hatte Gelegenheit, ihn aus jeder Perspektive zu betrachten, und ließ ihn nicht aus den Augen, während ich über den Lenker katapultiert wurde, rücklings auf dem Asphalt aufschlug und unter meinem Fahrrad begraben wurde – mit dem verfluchten vierundzwanzigsten Schlauchreifen.

Eine atemraubende Strecke.

Zum ersten Mal ertrank ich wahrhaftig im Teer und schnappte nach Luft.

San Francisco

Damals verbrachte ich einige Zeit in Kalifornien und hatte vorsorglich zwei Rennräder mitgenommen. Vor Ort kaufte ich mir zusätzlich ein gebrauchtes Mountainbike – eine lokale Marke mit 24-Gang-Schaltung –, das mir helfen sollte, beim täglichen Weg zur Arbeit die steilen Hügel zu erklimmen.

Die Kalifornier sind besonnene und höfliche Autofahrer. An jeder Kreuzung sind vier Stoppschilder aufgestellt, die auch beachtet werden, die Vorfahrt gewährt man auf liebenswürdige Weise demjenigen, der zuerst kommt (aber nicht dem erstbesten Dahergelaufenen). Sobald die Autofahrer einen Fußgänger auch nur von weitem sehen, treten sie aufs Bremspedal und lassen ihn mit einem Lächeln auf den Lippen passieren.

Radfahrer hingegen sind verhasst. Man könnte schwören, die Autofahrer würden geradewegs auf sie zuhalten. Tatsächlich erwähnt die kalifornische Straßenverkehrsordnung mit keinem Wort, dass man Radler nicht über den Haufen fahren darf. Man muss hart im Nehmen und ein wahrer Rad-Virtuose sein, wenn man das hügelige San Francisco unbeschadet überstehen will. Jedenfalls stürzte ich in der allerersten Woche gleich zwei Mal. Die erste

Kollision verdankte ich einem Autofahrer, der mich fast übersehen hätte, während beim zweiten Sturz ein Busfahrer sehenden Auges auf mich zuhielt.

Also fasste ich den Entschluss, werktags den Bus zu nehmen und mir das Radfahren fürs Wochenende aufzuheben, um die grandiosen Hügellandschaften von Kalifornien zu erkunden.

Am Samstag darauf, beim Anstieg vom Stinson Beach – den man, umhüllt von Eukalyptusduft, mit dem Rücken zum Pazifik erklimmt –, machte ich mit dem Straßengraben Bekanntschaft, als mich ein Autofahrer rücksichtslos an den Rand der Fahrbahn abdrängte, weil er mich unbedingt überholen und vor einem entgegenkommenden Fahrzeug wieder einscheren wollte. Wie vor einem Kugelregen ging ich im Straßengraben in Deckung, das Rad zwischen die Beine geklemmt, um auch ja nichts von dem unglaublichen Schauspiel zu verpassen, das sich mir da bot: Ford Explorer trifft Chevrolet Yukon.

Ich war gerade fünfzig geworden und hielt es für klug, mir meine Kräfte fortan für sonntägliche Ausfahrten im Golden Gate Park aufzusparen, der an diesem Tag für Autos gesperrt ist.

Unter der Woche zog ich es – trotz meiner unwilligen Waden- und Oberschenkelmuskulatur – vor, ins Fitnessstudio zu gehen.

Kalifornische Fitnessstudios sind sieben Tage die Woche rund um die Uhr geöffnet. Man kann in diesen Körperschmieden um drei Uhr nachts den Bizeps trimmen oder am Tresen muskelbildendes Kreatin erstehen. Es ist ein ganz eigener Lebensraum, und jedes Mal, wenn ich ihn betrat, betrachtete derselbe Bodybuilder im selben Spiegel das Spiel seiner Muskelstränge. Es tummelten sich dort hübsche Tierchen beiderlei Geschlechts. Als die Begeisterung für »Tae Bo« und »Low-Impact« abflaute, kam die Mode der Rad-Ergometer auf.

Man bildet ein Peloton aus Fahrgestellen ohne Laufräder, das ziellos unterwegs ist. Das Gelbe Trikot, das im echten Rennen nur von hinten zu sehen ist, flimmert von vorn über den Monitor und treibt einen zu höherem Tempo an. Mit dem Gelb vor Augen geht es über imaginäre Anstiege, schier endlose Geraden und durch dunkle Schluchten. Nach einer Stunde ist man buchstäblich gerädert und steigt mit geschwollenen Oberschenkeln und leerem Gesichtsausdruck vom Rad. Die einzige Freude bei dieser Leibesübung ist die angenehm frische Brise, die einem ein überdimensionaler Ventilator ins Gesicht bläst.

Wer wie ich Landschaften förmlich in sich aufsaugt, kommt bei der Simulation nicht auf seine Kosten. Doch was tut man nicht alles für die Form?

Kalifornien gilt auf allen Gebieten als Nabel der Welt, und da ist was dran. Etwa im Heimwerkerbereich. Ich saß seit zehn Minuten im Sattel und fuhr mich locker warm: Gleich sollte die Post abgehen. Ein Tritt vorwärts, ein Tritt rückwärts (der Ergometer erlaubt Manöver, die nicht einmal ein unerschrockener Bahnradfahrer wagen würde), als der Heimwerker-Sattel plötzlich auseinanderbrach.

Ich stürzte mit meinem ganzen (nicht unbeträchtlichen) Gewicht zu Boden und prallte mit dem Kopf gegen den Hometrainer hinter mir. Die Sturzfolgen: Steißbein-, Halswirbel- und Kopfverletzungen – es blieb nichts ausgespart.

Ich war derart weggetreten, dass der schleunigst herbeigerufene Arzt mich aufforderte, meinen Namen zu nennen und bis zehn zu zählen. Nach der notärztlichen Versorgung verfrachtete er mich eilig in einen Rettungswagen, der mich mit Martinshorn ins Krankenhaus brachte.

Seitdem plagten mich Geldsorgen, und meine Gesundheit geriet zur Nebensache …

Dennoch trete ich bis heute in die Pedale.

Kein einziger Sturz hat je Abscheu oder Bedauern in mir hervorgerufen. Sobald ich am Boden liege, versuche ich, mir ein Bild von meinen Verletzungen zu machen, und rechne mir aus, wie viel Zeit ich voraussichtlich brauche, bis ich wieder im Sattel sitzen kann. Das ist auch stets die erste Frage an den Arzt. Dann verhandle ich mit mir selbst. Ich bin schon mit frisch genähten Wunden, Verbänden und zerschürften Beinen gefahren. Ich bin durchs Dunkel, durchs Ungewisse gefahren, bis ich wieder ans Licht meiner alten Form gelangt bin.

Meine Lust aufs Rennradfahren ist ungebrochen.

Zwischen dem Kindheitswunsch, ein Rad zu besitzen, und dem Drang, in die Pedale zu treten, liegt ein langer, sonnenbeschienener und kurvenreicher Weg. Und jedes Mal, wenn ich diesen Drang in Frage stelle, folgt die Antwort auf dem Fuß: Ich schwinge mich auf mein schönes Gefährt und gehe auf Tour.

LUST AUFS FAHRRAD

Geniestreich

Das Fahrrad ist eine geniale Erfindung. An jenem Tag im 19. Jahrhundert, als Michaux das Veloziped dank Kette und Tretkurbel fahrtauglich machte, erlangte es im Prinzip seine endgültige Form. Seitdem wird zwar am Material getüftelt und an allerlei Details gefeilt, doch in der Sache bleibt es dasselbe.

Wenn ich mein gelbes Rad von 1960 mit dem Modell in Beige-metallic aus dem Jahre 2000 vergleiche, gibt es nur geringfügige Unterschiede. Das jüngere Modell ist leichter, es hat drei Kilo abgespeckt, besitzt eine höhere Steifigkeit (aber nicht zu viel), hat kombinierte Schalt- und Bremshebel sowie einen lederbezogenen Plastiksattel (was nicht unbedingt ein Fortschritt ist), und der Gabelkopf ist nicht mehr verchromt. Ein echter Fortschritt sind hingegen die Klickpedale, die mir die fummelige Einstellung der Schuhplatten ersparen, aber dem Radler einen Watschelgang verleihen, der ein Affront gegen die Würde des Fußgängers ist.

In meinem vierzigjährigen Radfahrerdasein habe ich erlebt, wie Stahl durch Alu ersetzt wurde, das im Wiegetritt aufjaulte, dann Alu durch Carbon, Carbon durch Titan, Titan durch Stahl und immer so weiter.

Die gebogene Gabel wurde gerichtet, bis sie gerade war, und dann wieder gebogen. Der Radstand wurde erst verringert und im Laufe der Jahre wieder etwas erweitert. Die Schaltung wurde von zehn auf vierundzwanzig Gänge hochgerüstet.

Es ist nicht schwer zu bestimmen, welchen Anteil der wirkliche Fortschritt gegenüber modischem Schnickschnack hat.

Es sind bloße Details, zwar kostspielig (jedes gesparte Gramm ist exorbitant teuer), doch im Grunde spielen sie nur eine untergeordnete Rolle.

Das klassische Fahrrad ist eine geniale Maschine. Mit reiner Muskelkraft kann der Mensch im Sitzen eine doppelt so große Distanz doppelt so schnell zurücklegen wie zu Fuß.

Er ist ein schnellerer Mensch dank des Fahrrads.

Das Rad an sich ist also schon eine Form von Doping. Was die Sache nicht leichter macht. Es ist ein Instrument, dem die Schnelligkeit innewohnt, es ist die beste Möglichkeit für den Menschen, über sich hinauszuwachsen: doppelt so schnell, doppelt so frisch, doppelt so viel Wind im Gesicht.

So gesehen ist es nur natürlich, dass man nicht davon lassen kann.

Leichtgewicht

Im Sattel sitzen, das Gewicht des eigenen Körpers nicht mit sich herumschleppen – das hat etwas von Schwimmen, etwas von Fliegen. Der Sattel trägt einen, genau wie das Wasser, wie die Luft; der Sattel, aber auch Rahmen, Reifen und Druckluft verleihen dem Rennradler Flügel.

Der Unterschied zwischen Radfahren und Schwimmen liegt jedoch darin, dass der Radsportler mit offenen Augen und wehendem Haar fährt und dabei schneller ist als der Mensch, während der Schwimmer die Lider zusammenkneift, die Ohren zustöpselt und nur mit Mühe vorankommt.

Der Unterschied zwischen Radfahren und Fliegen liegt darin, dass der Mensch zwar radeln kann, aber fliegen noch nicht.

Wunder

Radfahren beginnt stets mit einem Wunder. Tagelang zittert und zaudert man, redet sich ein, dass man nie ohne die stützende Hand am Sattel zurechtkommen wird.

Mein Vater und meine Mutter lösten sich bei meinem Balanceakt ab, und sicherlich leistete auch der eine oder andere Cousin, dessen Rad ich geerbt hatte, Hilfestellung. Wer auch immer es war, das Wunder lag in seiner Hand.

Sie hatten die Stützräder am Hinterrad entfernt, und ich fuhr die leicht abschüssige Wiese vor unserem Haus hinunter, um Schwung aufzunehmen. Ich suchte den magischen Moment, in dem Mensch und Maschine auf schmalen Reifen das Gleichgewicht halten, obwohl sie doch umkippen müssten. Natürlich fiel ich (schon damals) hin und rappelte mich wieder auf.

Und dann, eines Morgens, hörte ich niemanden mehr hinter mir herlaufen, spürte nicht mehr den Atem im Nacken. Das Wunder war eingetreten: Ich fuhr Rad. Am liebsten wäre ich nie wieder abgestiegen, so sehr fürchtete ich, dass sich das Wunder nicht wiederholen würde. Ich war im siebten Himmel.

Ich fuhr ums Haus als Beweis, dass ich vier Rechtskurven fahren konnte (ich kurvte ein paar Wochen lang lieber rechtsherum). Ich kannte keine Furcht. Mit Affenzahn bretterte ich am Brennnesselfeld entlang, das mir für gewöhnlich solche Angst einjagte, und legte ohne Panik den langen, einsamen Weg hinter dem Haus zurück, bevor ich triumphierend wieder auftauchte, damals noch unfähig, die Hände vom Lenker zu nehmen und zur obligatorischen Siegerpose hochzureißen.

Dieses Wunder wirkt bis heute nach.

Als ich schwimmen lernte, war ich emotional nicht so tief berührt, nur das Lesen löste in mir ähnlich intensive Gefühle aus wie das Radfahren. Innerhalb weniger Monate hatte ich – in dieser Reihenfolge – Rad fahren und lesen gelernt. An meinem fünften Weihnachten war ich bereits ein gemachter Mann: Ich hatte ein klare Vorstellung von meinem Beruf und meiner Freizeit.

Der grüne Drache

Er war ein merkwürdiger Onkel, ein bisschen füllig, ein bisschen kurzsichtig. Er gehörte zu jener seltsamen Spezies, die weite Anzüge und dicke Brillen mit getönten Gläsern trägt und über die man munkelt, sie hätten einst einen Nachtclub geführt. Diese Leute fahren dicke Limousinen, deren Motor wie eine Katze schnurrt, und gelten als Schandfleck der Familie.

Er war ein Onkel, der die Kinder eher auf Distanz hielt. Mitunter konnte man meinen, er sei böse. Da ich ihn nie im Erwachsenenalter kennengelernt habe, ist er mir als schroffer Kerl in Erinnerung geblieben.

Dennoch erhob ihn mein Vater an meinem neunten Geburtstag zum Paten.

Mein Onkel leitete seinerzeit eine Manufaktur, in der Fahrräder gebaut wurden. Er lötete meinen ersten Rahmen zusammen und montierte mein erstes Rad.

Ich hatte mich für ein grünes entschieden, so wie das von Anquetil (damals, in den 1960er Jahren, fuhr er auf einem Helyett), es hatte drei Gänge – den kleinen, den mittleren und den großen.

Als es endlich montiert war, ging ich in die Manufaktur, die in meiner Erinnerung riesengroß, schwarz und von fliegenden Funken durchzogen war, bevölkert von Arbeitern mit Masken, deren Finger Feuer spien, während auf den Werkbänken die Rohrsätze zischten und der Sandstrahl wie Regen prasselte.

Es stand ganz hinten an der schwarzen Wand und leuchtete: Der »grüne Drache«, seiner Höhle entschlüpft, gehörte nun mir.

Ich wusste wohl, dass der Radsport in den Beinen schmerzt und einem viel Mühe und Geduld abverlangt, schließlich hatte ich schon mehr als ein Rad zuschanden gefahren, doch waren mir vier wesentliche Dinge verborgen geblieben, in die mich erst der grüne Drache einweihen sollte.

Erstens: Wenn man sein erstes Rad besteigt, bricht man auf in eine fremde Welt, deren Sprache man ein Leben lang erlernen muss, und jede Geste, jedes Ereignis wird für den Fußgänger zum Geheimnis.

Als ich die Hände auf die Bremsgriffe legte, war mein Kopf zu weit nach unten gebeugt. Daher wurden der Vorbau und der Lenker ausgewechselt, die Sattelklemmung gelöst, die Sattelstütze auf die passende Länge herausgezogen. Und ich war bereit zu kurbeln, anzugreifen, mich auf und davon zu machen. Ich war bereit, der Hexe mit den grünen Zähnen oder dem Mann mit dem Hammer entgegenzutreten, im Schlussspurt die Ellenbogen auszufahren, im Pulk Wolle zu fressen, mich ins Zeug zu legen, an Hinterrädern zu lutschen, meine Nase in den

Wind zu stecken, mich in eine Windstaffel einzufädeln, Kilometer um Kilometer abzuspulen, um Einlass in die paradiesische Gemeinschaft der geschmeidigen Pedaleure zu finden.

Zweitens: Wer aufs Rad steigt, geht in die Radsportgeschichte mit Legenden ein, die man in abertausend Ausgaben der *L'Équipe* nachlesen kann.

Dann schmiedet er in der Dorfschmiede von Sainte-Marie-de-Campan eigenhändig die gebrochene Gabel, besteigt gleich nach dem Sieg bei der Dauphiné Libéré eine Chartermaschine, um mitten in der Nacht bei Bordeaux–Paris an den Start zu gehen, gewinnt fünf Mal die Tour de France, hängt Merckx im Anstieg nach Pra Loup ab, weist Poulidor am Puy de Dôme in die Schranken, fährt zum zweiten Mal als Solist im Velodrom von Roubaix ein, gewinnt im Schneesturm auf dem Gavia-Pass den Giro d'Italia, stürzt wohl oder übel immer wieder aufs Neue in den Abgrund am Col de Perjuret und stirbt jedes Mal ein wenig, wenn er den Ventoux von Bédoin hinauffährt …

Die titanische Einsamkeit des Radfahrers ist von den Schatten bevölkert, die die Sonne auf den rauen Asphalt wirft.

Als ich das erste Mal im Sattel saß, spürte ich den Hauch des Radsport-Pelotons, den Atem der größten Fahrer aller Zeiten und Länder.

Drittens: Wer auf ein Rad steigt, tut dies nicht etwa, um seine Maschine zu vergessen, sondern tritt im Gegenteil mit ihr in Verbindung.

Wenn ich im Anstieg nicht so recht von der Stelle komme, blicke ich beunruhigt auf die Tretkurbel, mit der ein anderer Kerl einfach so an mir vorbeizieht – und richtig: Es ist eine 175er-Kurbel mit ovalen Kettenblättern!

Was bringt ein achtes Ritzel? Wie kann ich mein Rad um jene fünfhundert Gramm leichter machen, die ich mir im Winter angefuttert habe?

Während die Veteranen noch über Reynolds' Verdienste um den Stahlrahmen mit einer Wandstärke von 0,5 Millimetern fachsimpeln und ihn mit Rohrsätzen aus Alu vergleichen, hinterfragt die junge Garde die Steifigkeit von Verbundwerkstoffen oder die Windanfälligkeit der Trispokes.

Es bedarf nicht viel, um das Glück des grünen Drachens, der funkelnd in seiner Höhle wartet, zu wiederholen. Es genügt, eine Komponente auszutauschen, den Rahmen neu zu lackieren und Klickpedale anzuschrauben.

Viertens: Wer auf ein Rad steigt, ergreift von der Landschaft Besitz.

Zuerst nehme ich das Vorderrad wahr, dann die Beine meines Vaters (die ich in der ganzen Welt am besten kenne) und zu guter Letzt die weite Landschaft, zumindest wenn ich gut drauf bin und die Tagesform stimmt.

Am Tag danach bestritt ich meinen ersten Klassiker. Fünfundzwanzig Kilometer in der Haute-Loire, die meine Vorliebe für Anstiege ein für alle Mal zementierten. Fünfundzwanzig Kilometer Glücksrausch, die mittlerweile von Autobahnen und Zweitwohnsitzen verschlungen wurden.

Im Jahr darauf fuhr ich mein erstes Etappenrennen und erklomm meine ersten richtigen Pässe. So begann meine geduldige Arbeit als *Kleiner Däumling*, der die Straßen im In- und Ausland mit Schweißtropfen übersäen sollte. Ob Berge, Ebenen, Sträucher, Bäume, Bäche, Gräben oder ewiger Schnee – sie steckten alle in meinem grünen Fahrrad. Ich musste nur treten, um zu lernen.

Haute Couture

Wenn ich mein Rad an eine Mauer lehne, bekommen die Passanten leuchtende Augen. Selbst Leute, die auf den ersten Blick nicht so aussehen, als wären sie Radsportler, halten einen Augenblick inne und beugen sich bewundernd über die Maschine, gewissermaßen den Hut ziehend. Ganz gleich, ob sie zehn oder hundert Jahre alt sind, Zeit haben oder in Eile sind, sie bleiben immer einen Moment stehen.

Ein schönes Fahrrad zu besitzen, ist ein weit verbreiteter Wunsch, der in der Kindheit entsteht. Einige kultivieren ihn, andere zügeln ihn, aber latent ist er immer vorhanden.

Abgesehen von Profis, die um jede Zehntelsekunde kämpfen, braucht eigentlich niemand ein schönes Rad. Ein Kilo mehr oder weniger fällt bei Sonntagsfahrern nicht ins Gewicht. Aber ein schönes Rad besitzt geheimnisvolle Kräfte: Man bekommt Lust, mehr zu geben. Eine Ausfahrt mit einem schönen Rad ist an sich schon eine Freude. Man braucht sich nur die geschniegelten Herren von Longchamp anzusehen, wie sie, die Allerwertesten auf die Rahmen ihrer Räder gestützt, oben am Gipfel stehen und plaudern.

Ich hatte immer nur schöne Fahrräder, nie von der Stange, sondern maßgefertigt. Ich mochte sie alle, selbst das aus

Alu, das mir der Schauspieler Jacques Balutin geliehen hatte und das jedes Mal ächzte, wenn ich in den Wiegetritt ging. Sogar mein blaues Carbonrad, das meinen Rücken lähmte, so steif war die Gabel.

Ich persönlich bevorzuge Stahlrahmen, denn sie sind elastisch, seitensteif und im Grunde auch gar nicht so schwer, außerdem hat man das Vergnügen, sie alle zwei oder drei Jahre sandstrahlen und lackieren zu lassen.

Zugegeben, ich habe das Glück, aus Saint-Étienne zu stammen, wo bis vor nicht allzu langer Zeit tolle Räder gebaut wurden. Ich durchquerte die langgezogene Stadt und drückte mir an den Schaufenstern »meiner« Fahrradläden die Nase platt. Ich war auf der Jagd nach Neuheiten, warf einen Blick in die Werkstätten, löcherte die Ladenbesitzer mit Fragen und bereitete mich so auf meine sonntäglichen Ausfahrten vor ...

Zwei oder drei Mal im Jahr nahm mich mein Vater mit zu Louis Nouvet. Letzterer war ein (rothaariger) Hüne, der direkt John Steinbecks *Von Mäusen und Menschen* entstiegen zu sein schien und mit dünner, leicht lispelnder Stimme sprach. Nouvet lötete Rahmen für den radfahrerischen Hochadel, allen voran Anquetil und Poulidor, aber auch für die Aristokratie des Cyclotourismus: die Prinzen der Radmarathons, die Helden der Brevets, die Barone des Flèche Vélocio. Nouvet war ein direkter Konkurrent von Alex Singer und Jo Routens.

Seine »Fabriken«, wie mein Vater sie scherzhaft nannte, befanden sich in einem Schuppen am Rande eines heruntergekommenen Arbeiterviertels. Man erahnte Nouvet aus der Ferne hinter seinen morschen Brettern, mit der schwarzen Brille auf der Stirn und der Lötlampe in der Hand.

Er begann damit, einen zu vermessen, und stellte dann sorgfältige Fragen: Wie viele Kilometer pro Jahr? Schutzbleche? Etwaige Rennen? Schlauch- oder Drahtreifen? Starre Nabe im Winter?

Während man antwortete, nahm er die Innenbein-, Unterarm- und Fußlänge. Man hätte meinen können, er wollte einen Maßanzug anfertigen.

Danach mussten der Rohrsatz (gewöhnlich Reynolds- oder Vitus-Stahl in 0,7 mm oder 0,5 mm Wandstärke), die Form der Rohrenden (verjüngt oder glatt abgeschnitten), die Vorbaulänge und die Lenkerbreite gewählt werden. Der Sattel würde ein nachbearbeiteter Brooks sein (noch immer klingt mir sein gebrochenes Englisch in den Ohren).

Dann war es an der Zeit, über die Nebensächlichkeiten nachzudenken, mit anderen Worten: über die Komponenten.

Seit meiner Kindheit haftet dem Namen Campagnolo etwas Magisches an. Davon lebt die Marke bis heute. Mit Erfolg. Ob Umwerfer, Bremsen, Pedale, Tretkurbeln oder Zweifach-Kettenblätter – Campagnolo-Komponenten sind in der Radbaukunst das, was Leica in der Kameraherstellung, was Porsche in der Automobilbranche, was Laguiole in der Messerindustrie ist: robust, hochwertig, teuer, ein Muss. Simplex und Mavic kämpften vergebens. Das »Campa«-Komplettrad war das *Nonplusultra*. Die Teile, so Nouvet, hatten ihren Preis, aber nach seiner Expertenmeinung waren sie im Kampf die »schärfsten Waffen«. Und sind es noch heute, auch wenn Shimano im Aufwind ist.

Bei der Wahl der Farbe wurde aufs Tempo gedrückt. Nouvet hatte ein Faible für Grau-metallic. Ich persönlich tendierte nach dem Grün lange Zeit zu Rot, aber ich sollte später auch Rahmen in Blau (schwarz gesprenkelt), Dunkelgrau, Zartlila und Gelb haben.

Nouvet nahm sein Geheimnis der Lötkunst mit ins Grab, doch das Ritual ist dasselbe geblieben. Guy Seyve, La Sablière und Ferappy halten die Tradition aufrecht.

Die Mode ändert sich. Was bleibt, ist die Haute Couture aus Saint-Étienne.

Maschine

Als Kind hatte ich in den Ferien das Glück, mein Rad mit aufs Zimmer nehmen zu dürfen und es auf diese Weise immer vor Augen zu haben.

Ich wünschte, es stünde noch immer dort.

Man kauft sich ein Rad, weil es schön ist, wählt es mit Bedacht, steigt auf und sieht es nicht mehr. Zumindest nicht bewusst.

Das Rad meiner Freunde nehme ich bewusster wahr als mein eigenes.

So freue ich mich unter anderem darüber, dass mein Freund Rémy ein Rad fährt, das früher mir gehörte. Wenn wir unterwegs sind, sehe ich mein altes Gefährt wieder und erfreue mich daran.

Ich wünschte, mein Fahrrad stünde in meinem Zimmer wie eine Skulptur, wie ein Mobile von Calder. Das Rad müsste nicht einmal an der Decke hängen, es bräuchte lediglich an der weißen Wand zu lehnen, dort, wo die Sonne den Raum durchflutet. Es ist rot, es ist schlank, es funkelt. Ich habe gerade das Lenkerband erneuert, und es sieht aus wie neu. Heute Morgen habe ich die Kurbel poliert und die winzige Lackabsplitterung am Rahmen ausgebessert. Es ist nichts mehr von dem Kratzer zu sehen.

Brambilla, ein tapferer Fahrer aus der Nachkriegsära, ging wenig schonend mit sich um. Wenn er nach vollbrachtem Tagwerk seine Leistung für unzureichend hielt, legte er das Rennrad in sein Bett und sich selbst auf den Teppich. Der Tagesform dürfte dies nicht dienlich gewesen sein, aber die Psyche regenerierte sich.

Zu jener Zeit nahmen die Rennfahrer ihr Arbeitsgerät vor allem deshalb mit aufs Zimmer, damit es nicht geklaut wurde. Die Tour de France zu bestreiten, ist verdammt hart, aber das Peloton auf Schusters Rappen zu verfolgen, noch viel härter.

Mir wurden vier Stadträder gestohlen. Alle vier in Paris. Man stahl sie mir innerhalb von zwei Jahren. Dann war der Spuk vorbei: Das Hollandrad war aus der Mode gekommen, einzig und allein das Mountainbike war bei Dieben begehrt. Ich konnte aufatmen.

Ich klapperte die Flohmärkte ab, um sie wiederzufinden, aber es gab derart viele ähnliche Räder, dass ich frustriert aufgab.

Bei Rennrädern ist das anders. Jeder Fahrer erschafft mit einer begrenzten Zahl kompatibler Komponenten seine eigene Maschine, die er auf Anhieb wiedererkennt. Mit verbundenen Augen könnte ich sofort sagen, auf welchem meiner Räder ich sitze. Keines fühlt sich an wie das andere. Ich könnte es beschreiben, jede einzelne Komponente. Ich weiß genau, worin sich das Rad vom vorherigen unterscheidet.

Mir wurde gesagt, Profis hätten keine schönen Rennräder und gäben auch nichts darauf. In Wirklichkeit ist ihr Material sehr schön, sehr elegant, sehr zuverlässig, aber oft tarnt es sich, dann braucht man einen Kennerblick. Aus leicht nachvollziehbaren Gründen fahren sie handgefertigte Rennräder mit der obligatorischen Lackierung des Hauses.

Bei flüchtigem Hinsehen könnte man glauben, es wären Räder, wie man sie in Schaufenstern oder Kaufhäusern sieht. Doch weit gefehlt. Ein Rad kann ein anderes verbergen. Mechaniker haben mir tausend Dinge über die persönlichen Vorlieben und Marotten des einen oder anderen Profis erzählt (nur die Werksfarbe ist vorgegeben). Pedro Delgado zum Beispiel mochte ausschließlich Alu-Rahmen, die der direkte Konkurrent seines Sponsors fertigte, während sein Geldgeber nur Stahl verarbeitete. Was Delgado nicht hinderte, auf Alu zu fahren, das er mit einer Stahllackierung tarnte.

Im Gegensatz dazu gibt es gewisse Fahrer, denen ihre Maschine völlig schnuppe ist. Hauptsache, sie fährt. Anquetil stand in diesem Ruf. Wenn solche Fahrer morgens losfahren, wissen sie nicht mal, welche Übersetzung sie haben. Sie delegieren die Liebe zum Rennrad blind an ihre Mechaniker, die wahren Liebhaber.

Vielleicht hätte ich Mechaniker werden sollen?

Übersetzung

Die Übersetzung ist eine regelrechte Obsession: »Welche legst du auf?«, »Was hast du gekettet?« Sie wird durch zwei Zahlen ausgedrückt: die Anzahl der Zähne auf dem vorderen Kettenblatt und die auf dem hinteren Zahnkranz (Ritzel). Vereinfacht gesagt: je größer die erste Zahl und je kleiner die zweite, desto größer die Übersetzung. Eine Übersetzung von 52 x 14 zum Beispiel eignet sich für Abfahrten, während 42 x 22 eine Bergübersetzung ist. Für einen Sonntagsfahrer wie mich ist sie ein Indiz für zwei wichtige Dinge: die Steigung der Straße und die Tagesform des Fahrers.

Generell sind Radsportler fasziniert von großen Übersetzungen, das geht so weit, dass die Pedalritter die Berge in Zeitlupe hinaufkriechen, nur um des Vergnügens willen, »groß zu treten«. Die Faszination der Stärke. Um Übersetzungen ranken sich überall schaurige Geschichten, etwa die von Kettenblättern, die so groß sind wie Welse, wie das Ungeheuer von Loch Ness. In der Vorstellung nicht weniger Fahrer heißt »ein großes Blatt auflegen« bereits, schnell zu sein.

Unsere Clique fuhr eines Morgens durch ein Waldgebiet hinter Versailles, als plötzlich einer das Tempo anzog.

Blitzschnell reagierte die Gruppe mit einem Konzert der Umwerfer, duckte sich und schaltete aufs große Blatt. Aufmerksam beobachtete ich Dédé Le Dissez, der uns begleitete – ein früherer Teamgefährte von Poulidor und Gewinner einer Tour-Etappe, der nun in Büchern macht. Er begnügte sich damit, auf seiner kleinen Übersetzung schneller zu kurbeln. Ich schloss zu ihm auf:

»Dédé, sparst du heute an der Übersetzung?«

»Ach was, ich lege erst dann einen größeren Gang auf, wenn die Post *wirklich* abgeht.«

Als 1996 meine Freunde erfuhren, dass ich die Tour de France begleiten würde, baten mich fast alle, dass ich mir die Übersetzungen genau ansah. Die wichtigste Frage, der Dauerbrenner, war: »Welche Übersetzung legen die Fahrer heute auf?«

Profis eilt der Ruf voraus, monströse Übersetzungen zu treten, die die Sportzeitung *L'Équipe* ihren Lesern selbstgefällig aufschlüsselt. 54 x 11 Zähne bei den Sprints, 44 x 19 in den Bergen. Das alles trägt zur magischen Aura der Fahrer bei.

Vor dem Start einer Bergetappe ging ich auf einen zu und fragte ihn nach seiner Übersetzung. Er nahm mich aufs Korn – ohne Boshaftigkeit: »Eine spezielle Übersetzung für die Berge kommt bestenfalls für Sie in Frage. (Er hatte meine einschlägigen Bräunungsstreifen bemerkt.) Ich für meinen Teil lege die Übersetzung des jeweiligen Rennens auf. Wenn eine große Übersetzung getreten wird, trete ich eine große. Wenn eine kleine Übersetzung gefahren wird, fahre ich eine kleine. Fragen Sie mal die Fahrer da vorne, welche Übersetzung sie für die heutige Bergetappe wählen, dann werde ich sie auch auflegen.«

Klasse

Ich habe immer auf meine Sitzposition auf dem Rad geachtet. Mit einer guten Haltung kann man schneller, weiter und länger fahren. Es lohnt sich also, sich mit ihr zu befassen.

Ich nehme Maß, mache Sitzproben, verändere meine Haltung je nach Fahrrad und Streckenprofil. Ich veredle meine maßgefertigten Räder mit Anbauteilen.

Trotz dieser kleinen Vorkehrungen ähnelt meine Haltung noch immer der eines Affen auf dem Schleifstein. Es ist eine Schande, aber so es ist nun mal.

Es gibt beim Radsport ein Phänomen, das mich seit jeher fasziniert: Gewisse Leute sind einfach für das Radfahren geschaffen. Sie haben »Klasse«, wie man so schön sagt.

Man kann sie auf ein x-beliebiges Rad setzen, und sie wirken sofort heimisch, haben Grandezza, verschmelzen damit.

Das hat allerdings nichts mit ihren athletischen Fähigkeiten zu tun – es gibt sie unter den großen Meistern genauso wie unter den Sonntagsfahrern. Sie bleiben nicht etwa verschont von Ermüdungen oder anderen Qualen, aber sie sind schön anzusehen. So schön, dass sie zu einer Art lebenden Lüge werden.

Anquetil war das beste Beispiel dafür. Selbst wenn er Tempo bolzte, war es für ihn wie ein Schaulaufen: Er schien mit dem Wind einen Pakt geschlossen zu haben, war katzenhaft und undurchschaubar.

Darin liegt die Lüge: Nur die Harmonie ist sichtbar, von Anstrengung keine Spur. Ein Fahrer, der Klasse hat, fährt nie unruhig, tritt nie unrund, verkrampft nie. Er zeigt keinerlei Anzeichen von Ermüdung, und wenn er doch einmal einbricht, dann mit wahrer Größe und zu einem Zeitpunkt, da man es schon längst aufgegeben hat, ihn zu zermürben, so mühelos wirkt sein Fahrstil.

Der Schriftsteller Louis Nucera gehörte zu dieser Sorte.

Ein Auto hat ihn einst der Radsportwelt entrissen, aber sein makelloser Anblick wird uns immer im Gedächtnis bleiben. Ich sehe noch, wie er, die Hände auf dem Oberlenker, den Mont Pilat hinauffuhr, grandios! Ich sehe noch, wie er mit Jean-Louis Ézine im Flusstal des Petit Morin um Haltungsnoten wetteiferte. Mit seiner Anmut glich er den Wasserspinnen, die leichtfüßig übers Wasser tanzen, ohne sich auch nur die Fußspitzen nass zu machen.

Mountainbike

Die Lust, ein schönes maßgeschneidertes Fahrrad zu besitzen, es im Laufe der Zeit aufzurüsten, sich im Sattel wohlzufühlen, es der eigenen Vorstellung anzupassen, macht aus dem Gefährt sehr schnell ein Objekt, das man genauso ungern verleiht wie einen Füllfederhalter. Man verleiht es nicht einmal sich selbst. Man spezialisiert das Rad auf Streckenprofile, für die es prädestiniert ist. Man würde es sich nicht borgen, um wie ein Wilder durch den Wald zu kurven.

Das ist der Zeitpunkt, an dem man sich nach einem anderen Rad sehnt.

Ich besaß ein spezielles Rad für Fahrten durchs Wasser, ein altes Vehikel mit Rücktrittbremse, Schnurrbart-Lenker und Breitreifen, das ich von jeglichem Zierrat befreit hatte. Es war mein Rad für Forst- und Schotterwege, mein Mountainbike, noch ehe die MTB-Welle ins Rollen kam. Ich fuhr es in jedem Gelände: auf Pfaden und besonders schmalen Passagen, durch Niederwälder, Bäche, ja, sogar durch die Loire.

Wir durchquerten den Fluss an Stellen, wo er Niedrigwasser führte und unsere Laufräder bis zu den Naben eintauchten. Dort hatte er eine starke Strömung, und sein Bett war von runden, mit glitschigen Algen bewachsenen Kieseln übersät. Es galt, so weit wie möglich hineinzufahren, ohne den Fuß aufzusetzen. Dahinter steckte der Gedanke, eine Art Paris–Roubaix bei sintflutartigem Regen auszutragen, mit Überschwemmungen und aalglattem Pflaster, unsichtbar und unberechenbar.

Wir starteten vom höchsten Punkt der Flussböschung und tauchten schwungvoll in die Loire ein, so dass das Wasser zu beiden Seiten aufspritzte. Dann war es angebracht, in Schräglage zu fahren, um sich gegen die Strömung zu stemmen und die Felsbrocken so gut wie irgend möglich zu umkurven – im Wiegetritt und mit lockerer Armhaltung.

In der Regel schafften wir nur wenige Meter, bevor wir endgültig ins Wasser platschten, aber mitunter geschah auch ein Wunder und wir hielten fünfzehn, vielleicht zwanzig Meter durch … Soweit ich mich erinnere, hat es niemand ans andere Ufer geschafft, und am Ende konnte man regelmäßig eine Art amphibisches Peloton beobachten, das seine Räder lachend durchs Flussbett der Loire schob.

Bei diesen Expeditionen fuhren wir alte Drahtesel, die ursprünglich für Markteinkäufe vorgesehen waren und auf dem Heimweg mächtig knarrten. Die zweite Jugend, die wir ihnen zu einem Zeitpunkt schenkten, da sie sich eigentlich ihr Gnadenbrot verdient hätten, bekam ihnen nicht immer. Die Laufräder eierten, die Rahmen waren verzogen, die Bremshebel locker.

Mein Rad hatte einen enormen Verbrauch an Steuersätzen. Die späteren Erfinder des Mountainbikes waren so klug, Federgabeln zu verbauen. Aber damals war das noch undenkbar, und so musste ich immer wieder mit rotem Fett und kleinen Kugeln hantieren, um das Lenkverhalten in den Griff zu bekommen.

Rückblickend kann ich sagen, dass mein Rad auf dem Ehrenfeld gestorben ist: Das Vorderrad hatte sich vom Rahmen losgesagt. Es hatte sich geopfert, damit mein Straßenrad bleiben konnte, was es war: ein Schmuckstück, das nie etwas anderes als die Sanftheit des glatten Asphalts kennenlernen sollte.

Paris

Wenn ich in der französischen Metropole Rad fahre – was oft genug vorkommt –, benutze ich ein Fahrrad, das sich buchstäblich zurückentwickelt hat. Es besitzt alles, was die Geschichte des Fahrrads schrittweise abgeschafft hat: Schutzbleche, Kettenschutz, Schmutzfänger und Gepäckträger ... Obwohl es aus dem Hause Peugeot stammt, hat es die Würde und das Gewicht eines Hollandrads.

Im Tempo der Linienbusse bahne ich mir meinen Weg durch den Verkehr und lege jährlich rund tausendfünfhundert Kilometer zurück. Es ist nicht ganz ungefährlich, aber wenn man die Radwege meidet (ausgenommen jene, die durch Bordsteine abgegrenzt sind), verringert sich das Risiko ein wenig. Ein Rundumblick und neue Bremsen sind unerlässlich.

Bei entsprechender Vorsicht ist Paris ein Radlerparadies. Der Mont Parnasse ist ein echter Berg, das Marsfeld ist eine echte Ebene, die Champs-Élysées sind eine echte »falsche Ebene«. Claire Paulhan, Jacques Réda, Harry Mathews, mit denen ich ab und zu durch die Stadt radele, können ein Lied davon singen.

Am liebsten mag ich die Schaufensterbummel. Das Tempo zwingt einen zur selektiven Wahrnehmung. Dinge, die man bloß erahnt, müssen rekonstruiert werden. Man konzentriert sich aufs Wesentliche. Mal streift das Auge einen Buchtitel oder ein Cover, mal sticht einem eine Zeitung ins Auge, mal ein potenzielles Geschenk oder eine neue Brotsorte. Dies ist das richtige Tempo für meinen Blick. Es ist ein Schriftsteller-Tempo, ein Tempo, das die Sinneseindrücke filtert und vorsortiert.

Wenn ich mit dem Stadtrad unterwegs bin, wird mir besondere Aufmerksamkeit zuteil. Bei offiziellen Versammlungen parke ich es zwischen VIP-Limousinen, deren Chauffeure aus dem Staunen nicht mehr herauskommen, wenn sie mich mit Anzug und Krawatte kurbeln sehen. Als ich den Verlag Ramsay leitete, kam ich sogar in den Genuss eines sehr würdevollen Dienstfahrrads.

Als ich eines Morgens mit dem großen Literaturkritiker Bernard Pivot im Fouquet's frühstückte (nicht, dass dies mein Stammlokal wäre), um ihm mein Verlagsprogramm vorzustellen, bestand er darauf, mich anschließend hinauszubegleiten, um mich auf mein Stahlross steigen und auf den Champs-Élysées in den Verkehrsstrom eintauchen zu sehen. Er fand mich amüsant. Auf meiner Fahrt in Richtung Place de la Concorde fragte ich mich, mit welchem Autotyp ich wohl dieselbe Wirkung erzielen würde.

Täglich anderthalb Stunden durch Paris zu kurbeln, ist für mich die Garantie, meinem Körper etwas Gutes zu tun.

Gewiss, man muss dem Regen manchmal ein Schnippchen schlagen, auf das Rad verzichten und in einen Bus springen, um vorzeigbar zu bleiben. Gewiss, man muss sich manchmal Nase und Mund zuhalten und beim Fahren darauf achten, nicht mehr Luft als nötig einzuatmen. Gewiss, man muss manchmal sehr tapfer sein, um Freunde zu besuchen, die im oberen Teil der Butte Montmartre wohnen. Doch man wird reichlich belohnt, wenn man bei Sonnenuntergang eine Seine-Brücke überquert oder sich lässig an einer endlos langen Blechlawine vorbeischlängelt und den Autofahrern, die im Stau aufs Lenkrad trommeln oder gedankenverloren in der Nase bohren, dabei ein vielsagendes Lächeln schenkt.

Als meine Tochter noch klein war, fuhr ich sie mit dem Rad in die Kita. Ich hatte einen kleinen Sitz am Gepäckträger befestigt und schnallte sie mit ihrem langen rosafarbenen Schal fest. Sie fand die morgendliche Ausfahrt toll und strahlte alle an. Der Kindersitz wich den ganzen Tag über nicht von ihrer Seite, und am Nachmittag holte ich sie ab, um mit ihr die Rue de la Convention hinunterzuflitzen.

Nachts ist Paris besonders reizvoll. Es herrscht wenig Verkehr, in den Seitenstraßen ist es ruhig, sie sind wie leergefegt. Man hört nur das Surren des Dynamos. Wenn die Versammlung unserer Autorengruppe OuLiPo unter der Leitung von Jacques Jouet beendet ist, radele ich gern mit Harry durch die Stadt. Wir passieren die Rue du Renard, die Rue de Rivoli, die Seine-Ufer, die Rue Bonaparte ... An der Rue de Grenelle, die auf meinem Weg liegt, setze ich Harry ab und fahre weiter in Richtung 15. Arrondissement.

Auch der Sonntagmorgen ist reizvoll. Man kann ungestört und gefahrlos die Hauptverkehrsadern entlangfahren. Die Straßen von Paris sind wie leergefegt, denn alle Radfahrer sind auf dem Land, so auch ich.

Pedanterie

Ich habe kürzlich bemerkt, dass ich nun schon seit dreißig Jahren beim Aufsteigen stets das rechte Bein hebe und über den Sattel schwinge.

Seitdem nehme ich immer im Wechsel mal das rechte, mal das linke.

Outfit

Wer Rad fährt, muss sich in Schale werfen. Man muss den Gegner durch Eleganz einschüchtern. Schön zu sein, heißt auch, schnell zu sein.

Anfangs streift man sich das Trikot des aktuellen Champions über, in der Hoffnung, dass sich etwas von seiner Stärke überträgt und dass es den anderen Respekt abnötigt. Dann kann man etwas für sein Image tun und sich einen Look zulegen: den eines Cyclotouristen, der über der Radhose Shorts trägt, einen Look, der perfekt auf die Farbe des Rahmens abgestimmt ist, oder einen Kollektivlook, der den Teamgeist hervorkehrt …

Die Radhose ist aus synthetischem Gewebe, rundum elastisch, enganliegend. Sie reicht fast bis zum Knie und hat Träger. Im Gesäßbereich ist sie innen mit einer Einlage aus Schaumstoff verstärkt, die mit künstlichem Gamsleder überzogen ist und vor Hautirritationen und anderen Sitzbeschwerden schützt.

Dieses Kleidungsstück wurde während meiner aktiven Zeit am meisten weiterentwickelt. Meine erste Radhose war noch aus Wolle. Nach ein paar Stunden war sie mit Schweiß vollgesogen, rutschte und scheuerte. Jedes Mal, wenn ich in den Wiegetritt ging, glitt sie ein Stück tiefer, drohte meine Kniefreiheit einzuengen und die Passanten wegen Erregung öffentlichen Ärgernisses zu brüskieren – denn dieses Kleidungsstück ist nur sinnvoll, wenn man es auf der nackten Haut trägt.

Mittlerweile sind Radhosen rutschfest, und wenn man sie sorgfältig am Sitzpolster eincremt, vergisst man beinahe, dass man überhaupt ein Gesäß hat.

Bei der übrigen Ausrüstung hat sich wenig getan: Die Handschuhe (ohne Fingerlinge) sind am Handballen mit Schaumstoff versehen. Die Radschuhe sind stabiler geworden und haben am Vorderfuß eine Wölbung, um das Pedalieren zu begünstigen; allerdings sind sie inzwischen aus Kunststoff. Der Helm hat sich durchgesetzt. Die Trikots sind leider aus Synthetik. Ich trage sie in knalligen Farben, nicht etwa, um aufzuschneiden, sondern um von den Autofahrern gesehen zu werden. Ich besitze viele Trikots, nur keines in Gelb, denn diese Farbe ist im Radsport heilig. Man muss schon ein großer Träumer sein, wenn man ins *Maillot jaune* schlüpft. Es gibt nur eines, jenes an der Spitze des Radsports, und man muss es sich auf dem Rad verdienen. Das wird einem jeder Radprofi bestätigen.

Ich bin der glückliche Besitzer eines solchen Trikots, trage es aber nur in meinem Zimmer. Meine Freunde von OuLiPo haben es mir geschenkt, als ich in Saint-Quentin mit dem »Prix Goncourt de la nouvelle« ausgezeichnet wurde. An jenem Tag habe ich ein Rad gewonnen, das ich nicht benutzen kann, weil die Rahmenhöhe nicht passt, und ein Trikot, das ich nicht benutzen will, weil es gelb ist. Die beiden Kleinode haben keine Gebrauchsspuren.

Ich besitze auch ein altehrwürdiges Trikot aus reiner Wolle, violett mit grünen Borten, den Farben des »As de Trèfle stéphanois«, des ältesten Radwandervereins in Frankreich. Es ist ein Ehrentrikot, das man mir geschenkt hat und an dem ich sehr hänge. So sehr, dass ich es nicht trage, aus lauter Angst, es abzunutzen. Das ist nicht gerade schlau von mir.

Sie waren immer sehr aufopferungsvoll, diese Wolltrikots: Sie sogen den Schweiß auf, trockneten dann auf dem Rücken, und wenn man von einer Ausfahrt zurückkehrte, fühlte man sich wie ein alter Krieger – komplett eingehüllt in Salz.

Shorts

Als ich eines Morgens durch die Haute-Loire pedalierte, kreuzte ein anderer Rennradler meinen Weg. Ich winkte ihm kurz zu, wie es sich unter »echten« Radfahrern gehört (die »echten« wissen, wen sie grüßen müssen, die anderen sind bloß lahme Enten), da las ich auf seiner schwarz-roten Radhose den Werbe-Aufdruck »Fournel, Emballage«. Ich wendete, holte ihn ein und gab ihm zu verstehen, dass ich seine Shorts haben wollte, weil mein Name draufstand.

Er war verblüfft und weigerte sich schlichtweg, sie auszuziehen, war aber bereit, mir den Namen seines Clubs und seines Trainers zu nennen, der seinerseits bereit war, mir den Namen seines Präsidenten zu nennen, mit dem ich in Kontakt trat. Herr Fournel, Hersteller von Verpackungen, ließ sich nicht lange bitten und verkaufte mir bereitwillig zwei Shorts mit meinem Namen. Wenn man weiß, dass »emballage« im Rennradlerjargon Schlussspurt bedeutet, kann man sich vorstellen, wie stolz ich war.

Nun trage ich eine Radhose, auf der mein Name und meine mutmaßlichen Sprinterqualitäten stehen. Da ich aber nie die Gelegenheit zum Sprint habe, kann das keiner überprüfen.

Radfahrerbräune

Selbst wenn der Radfahrer alles abgelegt hat, bleibt ihm ein letztes Kleidungsstück, eine Art Tattoo: seine Sommerbräune. Man sieht aus wie ein Streifenhörnchen.

Sonnenbaden macht mir Angst. Schon die Vorstellung, zehn Minuten zum Grillen in der Sonne zu liegen, quält mich.

Nun ist Radfahren ein Outdoor-Sport, den man oft in der Sonne betreibt. Dabei wird man zwangsläufig braun, ob man will oder nicht. Die Radfahrerbräune beginnt in der Mitte des Oberarms und setzt sich bis zum Handschuh fort. Links bleibt die Stelle mit der Uhr ausgespart. Nach unten setzt sich die Bräune vom Oberschenkel fort bis zur Radsocke. Und nach oben reicht sie vom Halsausschnitt bis zum Haaransatz. Wenn der Fahrer eine Kappe trägt, bleibt seine Stirn weiß, ein Merkmal, das bis dahin den Bauern in der Auvergne vorbehalten war … Die Anhängerschaft von »Oben ohne« und Stringtangas dürfte daran wenig Gefallen finden.

Eines Sommers durchquerten Rémy und ich die Alpen von Nord nach Süd: von Genf bis Saint-Tropez, über alle großen Pässe. Am vorletzten Tag standen Izoard, Vars und Allos auf dem Menü, mit der Verdon-Schlucht als Dessert.

Auf der Tour wurden wir von der Sonne mächtig verwöhnt, doppelt und dreifach gebraten.

Nach der Ankunft in Saint-Tropez am späten Nachmittag sehnten wir uns nach einem Bad im Meer. Das sorgte für Aufsehen. In dieser Welt der Sonnenanbeter wurde über unsere Körper mit dem blassen Torso und den tiefbraunen Extremitäten nur so gelästert. Wir gaben zwei hübsche Schießbudenfiguren ab.

Meine Radfahrerbräune überdauert den Winter. Sie ist meine zweite Haut. Ich empfinde weder Scham noch Stolz. Ich stehe dazu, und bei den ersten Sonnenstrahlen im Frühling wird nachgelegt.

Neulich im Freibad wurde ich von einem Dreikäsehoch angemacht: »Hey Opa, du hast dein Rad vergessen!«

Es ist nicht leicht, unerkannt zu bleiben.

Beine

Wenn ich zum ersten Mal mit jemandem ausfahre, werfe ich sofort einen Blick auf seine Beine, um herauszufinden, mit welchem Tempo wir fahren werden und ob er mich »abkocht«.

Das Wesen des Radfahrers offenbart sich in den Beinen.

Die gebräunten und eingeölten Rennfahrerbeine des Pelotons am frühen Morgen vor dem Etappenstart sind ein toller Anblick.

Radfahren macht lange und runde Muskeln. Je besser die Form, desto ausgebildeter der Muskel. Wenn er von seinem Fett und seinem Bindegewebe befreit ist, eignet er sich bestens für eine Lehrstunde in Anatomie.

Um dem Schauspiel etwas Glamour zu verleihen, epilieren sich die Rennfahrer, so dass ihre Beine aus reiner Bronze zu sein scheinen.

Wenn Sie auf einen Trainingspartner mit glattrasierten Beinen treffen, ist Vorsicht angesagt: In der Regel sind diese Leute sehr schnell und in Topform (wer sich in einem Formtief befindet, lässt die Haare gern nachwachsen). Leicht aufgedunsene, etwas schwere Beine ohne klare Konturen deuten hingegen auf einen Trainingsrückstand hin, so dass es eine lockere Spazierfahrt werden dürfte.

Schlanke Beine mit nahezu unscheinbaren Waden sind typisch für Kletterer (kein Gramm zu viel). Und voluminöse Oberschenkel sind ein untrügliches Zeichen für Sprinter. Ein großer athletischer Fahrer ist ein Rouleur. Und worauf deutet ein kurzer Oberschenkelknochen hin? Der Kerl ist pfeilschnell. Runde Pobacken? Er ist antrittsstark. Schmale Knöchel und Knie? Er hat Klasse.

Dicke Waden sind entgegen einer weit verbreiteten Meinung nicht sonderlich nützlich: Die meiste Energie kommt aus der Gesäß-, Oberschenkel- und Rückenmuskulatur.

In der Saison dreht sich alles um die Beine. Man kann an ihnen die seltsamsten Phänomene beobachten. Das Ungewöhnlichste sind dicke Oberschenkel. Wenn eine bleierne, endlose Müdigkeit in den Oberschenkeln steckt, schwellen sie an und verhärten sich. Dann passe ich in keine Shorts mehr, schon gar nicht in eine Radhose. Meine Beine fühlen sich an wie Klötze, die erst nach ein paar Tagen wieder radtauglich werden.

Wenn man in Form ist, kann das bloße Stehen schon Beschwerden verursachen. Als eine meiner Freundinnen heiratete, musste ich zur Trauung in ein Gotteshaus gehen, was nicht zu meinen Gewohnheiten gehört. Ich war nicht in der Lage, der Hochzeit stehend beizuwohnen, wie die Gläubigen es tun. Ich hatte das unangenehme Gefühl, meine Beine wollten sich in den Rumpf bohren.

In solchen Fällen ist Radfahren die einzige Chance, den Schmerz zu lindern. Nach den ersten Kilometern ist er wie weggeblasen oder wächst sich zu einem gehörigen Krampf aus.

Mein Traum ist die Massage. Allein schon zu sehen, wie begeistert die Rennfahrer den Masseur aufsuchen oder wie missmutig sie sind, wenn sie nicht schnell genug an die Reihe kommen, sagt mir, das muss ein Allheilmittel sein. Masseure genießen einen besonderen Status: Sie sind Vertraute, Freunde. Schon bei der Berührung der Muskeln wissen sie, ob die Etappe hart war, ob die Tagesform ihres Schützlings stimmte oder die zweite Luft fehlte. Sie haben lange Zeit obskure Rollen gespielt und geheimnisumwitterte Köfferchen mit sich herumgetragen. So auch Fausto Coppis blinder Masseur, der im Ruf stand, ihn mit Dynamit aller Art zu versorgen.

Ich träume von einem Masseur, der die Krämpfe löst, die Muskeln lockert und mich mit aufmunternden Worten versorgt. Dann hätte ich zwei gute Beine.

Kontrabass

Während meiner gesamten Kindheit teilte sich meine Familie – Cousins und Cousinen mitgerechnet – ein Haus am Rande einer Wiese in der Haute-Loire. Das Haus war nach dem Krieg in aller Eile aus Holz und Faserzementplatten für Flüchtlinge zusammengezimmert worden. Später, als die Flüchtlinge weitergezogen waren, mieteten wir es das ganze Jahr über. Jeder im Dorf kannte es unter dem treffenden Namen »Die Hütte«.

Jeder Teil der Familie verfügte über zwei identische Räume, die durch dünne Holzwände voneinander getrennt waren. Der eine diente als Essraum mit offener Küche, der andere als Schlafzimmer. Am Abend verwandelten sich beide Räume in eine Garage. Da wir Angst vor Dieben, Regen und der verheerenden Wirkung des Morgentaus auf die Rahmen hatten, stellten wir die Räder unter. Wenn alle Räder drinstanden, konnte keiner mehr hinaus. Wer als Letzter zu Bett ging, holte das letzte Rad herein. Wer als Erster auf den Beinen war, brachte alle nach draußen.

Im Konzert des Lebens ist das Fahrrad der Kontrabass. Man vergisst es nicht so schnell.

Transport

Wenn ein Rennfahrer absteigt, gleicht er einem hässlichen Entlein, dem sein hübsches Gefährt im Weg ist. Ein Hauch von Sehnsucht verschleiert seinen Blick: Er war so nahe dran zu fliegen, und nun ist er ungelenk wieder gelandet.

Ich habe für den Transport von Rädern schon alles ausprobiert: Taschen, Umzugskartons, Dach- und Heckträger. Mein Vater hat sich sogar einen Dachträger nach eigenen Plänen anfertigen lassen. Der war so ausladend, dass Passanten ihn für eine TV-Antenne hielten.

Mir sind unzählige Missgeschicke passiert. Ich habe auf der Autoroute du Sud einen Dachträger mit vier Rädern verloren. Mein schönes blaues Rad ist auf der Autoroute de l'Ouest verendet – Rillen in der Fahrbahn hatten es aus seiner Halterung am Heckträger gerissen, und so schleifte ich es etwa hundert Meter mit. Ein anderes Rad, das blasslila war, habe ich im Flugzeug an mich geklammert, aus Angst, es könnte wie gewöhnliches Gepäck im Bauch der Maschine verstaut werden (der behütete Schatz war allerdings aus dünnem Stahl und federleicht – schon wenig später brach er entzwei).

Eine perfekte Transportlösung gibt es nicht, alles läuft darauf hinaus, die Strecke lieber gleich mit dem Rad zu fahren. Aber in dem Fall muss man sich vergewissern, dass die Herberge eine trockene und verschließbare Garage für den Drahtesel besitzt.

Ideal ist es zumindest ein Mal gelaufen. Wir waren unterwegs auf einer Tour durch die Schweizer Alpen und stiegen in St. Moritz in einem Hotelpalast ab. Bei unserer Ankunft stand der Portier an der Garageneinfahrt. Er nahm sich sofort meines Gefährts an, parkte es zwischen den Ferraris und Rolls-Royces, entfernte dann die Satteltasche und ließ sie mir aufs Zimmer bringen.

DER DRANG

NACH FRISCHLUFT

Territorium

Die Welt meiner Kindheit war schon immer weiter als mein Dorf. Von dem Moment an, da ich in die Pedale treten konnte, hatte ich die Vorstellung von einer größeren Welt. Wenn ich zu einer Radtour aufbrach, gehörte alles, was innerhalb dieser Runde lag, zu meinem »Zuhause«.

Als meine Kräfte allmählich größer wurden, drehte ich immer ausgedehntere Runden um Bas-de-Basset, wobei ich mir Le Vert, Tiranges, Saint-Hilaire, Aurec, Yssingeaux, Malataverne, Retournac, Usson-en-Forez und Saint-Bonnet-le-Château aneignete.

Das enge Netz der Landstraßen in der Haute-Loire ist ein Segen für den Radfahrer. Es sind schmale, schöne und wenig befahrene Serpentinen. Man hat eine breite Auswahl an Strecken. Die Steigungsprozente sind variabel, und auch wenn man immer bei 425 Metern startet und auf 1.100 Metern Höhe endet, sind die Streckenprofile alle verschieden: regelmäßige Steigungen, steile Rampen, Spitzkehren.

Mein Dorf liegt in einem kleinen Becken des Loire-Tals, einem ehemaligen Sumpfgebiet. Der Weg hinaus führt nur nach oben. Erstaunlicherweise warten die sechs oder sieben Hänge, über die man fährt, mit höchst unterschiedlichen Landschaften auf: Während der Tiranges-Hang auf dem

Weg zum Gipfel eine schöne Steigung entlang der Flanken des sich langsam öffnenden Tals bietet, klettert man am Saint-Hilaire-Hang gleichmäßig in einer schattigen Mulde hinauf, die nach Moos und Pilzen riecht. Der Aufstieg über Thézenac ist schattenlos, heiß, am Anfang hart und bietet im oberen Teil einen offenen Blick über das Panorama der abgerundeten Vulkankuppen und des Hochplateaus.

Im Hintergrund der Mont Mézenc.

Die Dörfer und Weiler dösen vor sich hin, und noch heute kann man drei Stunden hintereinander in die Pedale treten und dabei nur zwei Autos begegnen. Die Landschaft ist dünn besiedelt, und kleine verwinkelte Felder wechseln sich mit friedlichen Weideflächen ab. Der Sommer ist glühend heiß, der Winter klirrend kalt, die Jahreszeiten grenzen sich deutlich voneinander ab, hier lernt man alles über Landstraßen und Klimazonen.

Nach und nach habe ich meine Runden ausgeweitet, immer brav ans Hinterrad meines Vaters geheftet, der mir Windschatten bot und mich schweigend die Radfahrer-Tugenden lehrte.

Es steckt etwas vom Bauern im Pedaleur. Sie teilen miteinander die Freude an der Natur, die Demut vor den Elementen, Geduld, Sparsamkeit, Hartnäckigkeit und Sinn für Tempo. Im Ernten steckt auch Sprintergeist. Die nicht mehr ganz so ewige Ordnung der Felder ähnelt der nicht mehr ganz so ewigen Ordnung der Straßen, und die Robics und Poulidors saßen auf ihrem Fahrrad wie in einem Bauernhaus.

Auf diese Weise habe ich im Alter von neun bis fünfzehn Jahren Hunderte von Kilometern hinter meinem Vater zurückgelegt, voller Vertrauen. Ich habe gelernt hinaufzufahren, ich habe gelernt, bergab zu fahren, ich habe gelernt, keine Angst zu haben, alles zu genießen, im richtigen Moment überzuschnappen und dem Mann mit dem Hammer furchtlos entgegenzutreten. Zwei Mal habe ich das Fahrrad gewechselt, habe die Sattelstütze und den Vorbau verlängert, und mit fünfzehn Jahren habe ich den Platz an der Spitze übernommen.

Es war eine sanfte Art, ein gewisses freudsches Ritual zu vollführen, bei dem mein Vater zweifelsfrei in seinem Radfahrerstolz gekränkt wurde, aber mindestens genauso stark durch seinen Stolz als Vater und erfahrener »Capitaine de Route« getröstet wurde. Ich für meinen Teil jubilierte.

Er gab mir daraufhin den Spitznamen »Le Bestiau«, das Viech, wegen der – wahrscheinlich unnuancierten – Kraft, mit der ich in die Pedale trat. Der Spitzname ist mir bis heute geblieben.

Auf denselben Landstraßen habe ich mit Furnon, Madel und den Rennradlern der Umgebung die Tugenden des Kampfes und der Attacke gelernt. Nun ging es nicht mehr um Geduld, sondern um hängende Zungen und brennende Oberschenkel. Allein das Ergebnis zählt.

In der Ebene

Das Einzige, was mir die Landstraßen der Haute-Loire vorenthalten haben, ist die Ebene.

Als ich mit zwanzig aus guten Gründen nach Paris »hinaufgezogen« bin, habe ich die Ebene entdeckt. Und musste verblüfft feststellen, dass es galt, sie zu erlernen.

Ich glaubte, die Ebene wäre eine Art langweiliges Rentnerparadies, ein Geschenk für alternde Rennradler. Irrtum. Die Ebene ist eine Wissenschaft für sich. Meine größte Überraschung war der Unterschied in der Dauer: Auf den kleinen Landstraßen musste ich kräftig treten, aber jede halbe Stunde Intensität wurde mit zehn Minuten Ruhepause belohnt.

Es gibt häufige Wechsel in der Art des Tretens und in der Haltung. Anders in der Ebene: Dort kann man fünf oder sechs Stunden verbringen, ohne je mit dem Kurbeln aufzuhören und die Haltung zu verändern, und es tauchen unbekannte Schmerzen auf, unvergleichliche Ermüdungserscheinungen, Protestschreie der Schultern, Empfindlichkeiten des Nackens.

Meine Verwendung der Schaltung war bis dahin ziemlich radikal: Von 42 x 22 sprang ich auf 52 x 14. In der Ebene musste ich Zahn um Zahn die Vorzüge der Übersetzung lernen: Zwischen 53 x 16 und 53 x 17 gibt es zuweilen einen Abgrund, und diesen Abgrund gräbt in der Regel der Wind.

Die Haute-Loire ist nicht etwa vom Wind verschont, aber er wird von den Bergen aufgehalten, verfängt sich im Relief der Landschaft, in den Wäldern, in den Böschungen. Er überfällt einen hinterrücks und verschwindet ebenso plötzlich wieder. In der Ebene führt er den Tanz an und ist ständig zugegen.

Die Haltung auf dem Fahrrad wird zum Schlüssel, der Windschatten zur Wissenschaft. Man ertappt sich dabei, unentwegt auf die Richtung jeder Brise zu lauern, um ein wenig Erholung an einem befreundeten Hinterrad zu finden.

Auf dem Hochplateau von Vauhallan fächert der Westwind die Sonntagsrennradler auf, und der Versuch, sich gegen den Wind aufzumachen, ist eine Herausforderung, die einer Attacke am Berg gleichkommt.

Die Belohnung für die Ebene – es gibt sie – liegt in der großartigen kollektiven Leistung, die man erreichen kann. An gnädigen Tagen können vier oder fünf Radfahrer mit gleicher Kraft und Entschlossenheit eine beträchtliche Strecke unter die Reifen nehmen. Der Musketier-Stil (»einer für alle, alle für einen«) ist die genüsslichste Begegnung mit der Ebene.

Auswendig

Ich kenne meine Ecke in der Haute-Loire in- und auswendig.

Kennen heißt, Orientierungspunkte haben, sich zurechtfinden, sich einrichten können.

Mein Richtmaß ist eine etwa zehn Kilometer lange Steigung, die im Ance-Tal beginnt und sich bis zum Dorf Tiranges hinaufzieht. Es ist eine herrliche Straße entlang eines Steilhangs im Schatten der Pinien, durchzogen von Düften, die etwas saftiger sind als die der Provence. Eine Landstraße mit grobem Belag, so breit wie zwei Autos. Eine Fahrbahn, die von Eidechsen und Blindschleichen überquert wird und von Brombeersträuchern, Farnen und gelbem Fels gesäumt ist. Eine ansteigende Straße, die ihrem Wesen nach eigentlich ein Pfad ist. Ihr Verlauf hat sich stärker nach den Wegen der Menschen und Tiere gerichtet als nach dem Willen der Bulldozer. Sie hat ihre kurzen Flachstücke und ihre kräftigen Rampen. Kurz: Sie ist reizvoll.

Ich mag sie besonders, weil sie vor dem eigentlichen Anstieg fünf Kilometer im Tal herumtrödelt und uns genügend Zeit lässt, warm zu werden. Ein Bach schenkt uns ein letztes Mal Frische, und sobald man die kleine Brücke links und dann das alte Bistro passiert hat, wo früher eine Jahrmarktsorgel spielte, geht es zur Sache.

Schon auf den ersten hundert Metern weiß ich, ob ich auf 39 × 24 oder 39 × 20 bin – in die Alltagssprache übersetzt heißt das, ob ich in mäßiger oder in guter Form bin (diese geheimnisvollen Zahlen verweisen auf die benutzte Übersetzung, wobei die erste deutlich kleiner ist als die zweite). Danach brauche ich nicht einmal mehr auf die Uhr zu sehen, allein die Geschwindigkeit, mit der die Landschaft vorbeizieht und mit der sich die Empfindungen aneinanderreihen, sagt mir, woran ich bin.

Ich erkenne die beiden Kurven wieder, in denen ich in den Wiegetritt gehe, das kleine Flachstück, das ich lang finde, und den Weiler, an dem mir die Beine wehtun – normalerweise auf Höhe der Tränke. Und zwar ganz unabhängig von meinem Rhythmus. Wenn ich beschleunigen muss, dann an der Stelle, an der ich den Wald verlasse, denn dort schmerzt die Beschleunigung besonders in den Beinen (und ich spreche nicht nur von meinen).

Dann, wenn der Weiler von Chasles hinter mir liegt, weiß ich, dass wieder ein Flachstück zwischen Roggenfeldern kommt. Freier Blick. Hier sieht man all die abgerundeten Kuppen des Velay. Die Sperber werden über unseren Köpfen kreisen, die Hühner in den Gräben picken, wir werden die leichte Brise spüren, die von Saint-Pal herüberweht. Es wird Zeit sein, zu trinken und sich auf den letzten Anstieg vorzubereiten, auf dem der Weiler von Arnaud liegt. Dann haben wir die Wahl zwischen der kleinen Landstraße auf der Hochebene, die zu den Serpentinen von

Cacharrat führt, und der Straße von Tiranges, die sich wieder ins Tal senkt, vorbei an einer Felsspitze mit dem mittel-
alterlichen Schloss von Saint-André-de-Chalançon.

All diese Dinge werden in inneren Minuten gemessen, die
einem sagen, dass man sich im Mai oder im Juli befindet,
dass man platt oder in Form ist.

Alle Radfahrer kennen diese geheime Beziehung zur Welt.
Sie haben sie »im Gefühl«.

Der ideale Urlaub

Mein idealer Urlaub beginnt Anfang Juli. Die Arbeit in Paris flaut ab. Die letzten Apéros werden serviert. Die Sommerbücher sind seit mehreren Wochen auf dem Markt, die Herbsttitel beim Drucker, die Tour de France steckt noch in den ersten Flachetappen. Der Wunsch nach Ruhe wird übermächtig. Es ist Zeit für die Landstraße.

Eine kleine Lenkertasche mit den nötigsten Dingen, und auf nach Süden. Um wie jeden Sommer in die Haute-Loire zu gelangen, in die Umgebung von Saint-Étienne, fahre ich eine Reihe von gelben Straßen entlang, die mich zur Loire führen. Diese überquere ich in Orléans oder Giens, fahre den Fluss am linken Ufer und dann am Kanal neben dem Allier entlang, erreiche Moulins, Courpière und Vichy, und dann geht es zur Sache in Monts du Forez, Job, Vertolaye, Ambert, Saint-Anthème, Usson, Saint-Hilaire-Cusson-la-Valmitte und Bas-en-Basset.

Vier Tage vollkommener Friede, und dazu kein Ton mehr als die Musik, die mein Fahrrad spielt; vier Tage aktive Stille, um mich von dem Wortschwall zu reinigen, aus dem meine tägliche Arbeit besteht; vier Tage körperliche Unerbittlichkeit, um mich für die Zeit auf dem Schreibtischstuhl zu rächen. Auf den kleinen französischen Landstraßen ist keiner unterwegs, und die Verwandlung vom *Homo intellectus* in den *Homo bicycletus* vollzieht sich fast unmerklich.

Noch ganz zerstreut von Paris starte ich als Erstes einen Oberschenkel-Dialog, bei dem sich meine Einzelteile wieder zusammenfügen. Je nach Tageszeit werden andere alte Geschichten wach: ein alter Konflikt mit dem Knie, aufflammende Beschwerden am Gesäß, ein Brennen in der Schulter. Aber es kehren auch Gefühle des Wohlbefindens zurück: Die Schenkel frohlocken, die Waden wölben sich, man geht aus dem Sattel.

Der Drang nach Ruhe geht allmählich über in den Drang nach Rhythmus.

Alte Geheimnisse und neue Entdeckungen vermischen sich, während der warme und aktive Körper nach einem Einklang mit dem Außen sucht. Der Wetterbericht ist nicht mehr abstrakt, und die Regenfront, die das Land von West nach Ost durchzieht, plätschert auf einmal in meinen Schuhen. Manchmal packt mich auch der starke Mistralwind an den Schultern und schiebt mich geschwind wie ein TGV nach Süden.

Ich fahre täglich hundertfünfzig bis zweihundert Kilometer. Mag meine Geschwindigkeit auch konstant sein (zumindest solange die Straße flach ist), meine Laune verändert sich: Im Laufe der Strecke hellt sie immer weiter auf. Es gibt keine Fragen mehr, ich bin lebendig und nass.

Am Nachmittag, wenn ich anfange, die Müdigkeit und mein Gepäck zu spüren, suche ich in einem Bistro nach einem Fernseher, um das Etappenende der Tour anzusehen.

Die Rennfahrer sind in der Ebene, die Herausforderungen minimal, aber das Verfolgen der taktischen Manöver fesselt mich, während der durchschnittliche Fernsehzuschauer vor Langeweile gähnt. Doch für jemanden, der über eine gewisse Oberschenkelkultur verfügt, ist eine Mannschaft, die sich flach auf den Bauch legt, um ihren Sprinter auf den letzten zwanzig Kilometern in den Orbit zu schicken, ein wahrer Leckerbissen. Unter den Anfahrern gibt es ein paar anonyme und stolze Lokomotiven. Dann bleibt den Sprintern nur noch zu sprinten. Es ist mal gefährlich (Abduschaparow), mal mächtig (Ludwig) oder einfach nur herrlich (Cipollini, *Il Magnifico*).

Das Radfahren verleiht den einfachen Dingen einen neuen Geschmack: Dusche, Bad, das Bett, auf dem man sich endlich ausstreckt, der Geruch jener Salben, mit denen man sich die Beine einreibt, aus magischem Glauben, aus Dankbarkeit, zur Intimpflege.

Wenn ich meinen Hafen erreicht habe, verbringe ich die restlichen zehn Tage Urlaub nach einem unveränderlichen Rhythmus: morgens Fahrrad, nachmittags Tour de France. Ich habe die Sprache wiedergefunden, ich bin ein Rennradfahrer, der sich unterhält und mit Freunden in die

Pedale tritt: mit den Radsportfreunden, die ich genau dort wiederfinde, wo ich sie im vergangenen Sommer zurückgelassen habe, um sieben Uhr morgens an der Quelle (Jean-Loup, Titch); mit durchreisenden Freunden, mit denen ich auch woanders radle (Jean-Noël, Rémy, Sébastien); mit neuen, unbekannten Rennradfahrern.

Zur heißesten Tageszeit sehe ich mir am liebsten die Tagesetappe mit meinem Vater an. Er ist der Wächter von Geschichte und Legende der Tour de France, der Kommentator aller Kommentatoren. Wenn die Etappe vorbei ist und die Sonne noch hoch im Himmel der Haute-Loire steht, wird es Zeit, zu den nichtigen Freuden des Urlaubs überzugehen.

Um den 20. Juli herum, an einem schönen Sonntagnachmittag, befinden sich die Radrennfahrer plötzlich auf den Champs-Élysées und die Tour de France ist aus. Mit ihr endet auch mein Urlaub, in einem schweren Anfall von Melancholie, den ich mir am Montagmorgen, allein in den grünen Bergen, unter duftenden Pinien mit meinem Fahrrad austreibe. Mein Sommer ist vorüber.

Dann fahre ich mit dem Fahrrad auf dem Dachträger wieder »hinauf« nach Paris – denn tatsächlich führt mich meine Radfahrerneigung stets nach Süden, es sei denn, ich drehe bloß ein paar Runden. Auch wenn es viel leichter ist, von der Haute-Loire nach Paris zu fahren, auch wenn die Straße auf den ersten zweihundert Kilometern stetig abfällt, führt die Rückfahrt nach Paris »hinauf«. Meine Klassenlehrer und auch das Michelinmännchen richten ihre Karten so aus und haben auf diese Weise mein Radfahrerschicksal ausgerichtet.

Als Profi hätte ich Paris–Nizza gewonnen.

Giono

Es war mitten im August, und anstatt an der Mittelmeer-
küste zu bleiben, von der sanften Brise gestreichelt und vom
Wasser erfrischt zu werden, fuhren wir in das sonnenge-
gerbte Hinterland. Am zweiten Nachmittag durchquerten
wir die große menschenleere Ebene von Canjuers, in der
man manchmal auf einen Panzer stößt, ein einsames
Plateau, auf dem sich Kriegsmaschinen tummeln. Vergeblich sucht man dort nach einem Baum, nach etwas
Schatten.

Mein Vater erzählte mir beim Fahren von dem provençalischen Schriftsteller Jean Giono, von den Bauern der
Provence, von ihrer Gastfreundschaft, als ich plötzlich eine
trockene Kehle bekam – obwohl doch eigentlich er
erzählte. Meine Trinkflasche war leer, seine auch, und angesichts meiner noch schwachen Konstitution – ich war erst
zwölf oder dreizehn Jahre alt – war ich kurz davor zusam-
menzubrechen.

Mein Gesicht war wohl so überzeugend rot, dass mein
Vater beschloss, in den nächsten Feldweg auf der linken
Seite einzubiegen, beim einzigen Hof weit und breit an die
Tür zu klopfen und um etwas Wasser zu bitten. Die
Bäuerin öffnete die Tür nur einen Spalt, steckte ihren
braungebrannten Kopf mit den schwarzen Haaren hin-

durch und weigerte sich schlichtweg, mir zu trinken zu geben.

So viel zu meiner atemraubenden Begegnung mit der Welt Gionos.

Rund um die Tour

Häufig brachen wir zur Tour de France auf, um sie uns live anzusehen. Mein Vater wollte unterwegs ein paar Verwandte, Freunde und Freundinnen einsammeln und ein Gruppetto bilden, um oben auf den Alpenpässen den Rennfahrern zu huldigen.

Den Rennfahrern huldigen heißt zunächst einmal: vor ihnen mit dem Rad die Pässe hochfahren. Wir sorgten dafür, dass wir ein oder zwei Autofahrer dabeihatten, die sich vom Anblick der Radfahrer und dem langsamen Tempo nicht abschrecken ließen, und planten unsere Route.

Es ist ein herrliches Vergnügen, morgens die Pässe vor den Radprofis hochzufahren. Die Straße ist für die Autos gesperrt, unter diesen Umständen ist es ein wahres Geschenk, einen Pass zu fahren.

Wenn man die Einsamkeit liebt, fährt man den Berg von der Seite hinauf, auf der die Radprofis hinunterfahren werden.

In einem Sommer haben Rémy und ich auf diese Weise den Izoard, den Vars und den Allos bezwungen, in entgegengesetzter Richtung der Rennfahrer, und diese drei Anstiege bilden in meiner Erinnerung drei glorreiche Momente. Allerdings muss man früh aufstehen.

Wenn man die Menschenmassen mag, fährt man auf derselben Seite hoch wie die Rennfahrer. Auf diese Weise bekommt man zu spüren, wie man im Wettkampf von der Masse getragen wird. Man kann das Schauspiel des unendlichen Tour-de-France-Picknicks genießen und hat Gelegenheit, aus erster Hand ein paar Informationen über die Fans zu erhalten.

Es gibt die Eifrigen, die den Namen von Richard Virenque mit weißer Farbe auf die Straße pinseln und einen anblöken, wenn man über ihre frische Farbe fährt. Es gibt die Wurst-Mäuler mit den purpurroten Gesichtern, die den Fußmarsch hinauf wieder gutmachen, indem sie oben gleich ihren ersten Imbiss zu sich nehmen. Es gibt die Anschieber, die einem helfen wollen, indem sie einem die Hand auf den Hintern legen und kräftig schieben (wenn meine Frau dabei ist, wird ihr viel öfter geholfen als mir). Und es gibt die Schreihälse, die an den vorbeiziehenden Amateuren ihre Kriegsgesänge üben.

Gelegentlich kann man auch ein paar herrliche Stilblüten pflücken. Ich erinnere mich an eine kräftig gebaute Frohnatur, die ein paar Dutzend Meter neben meiner Frau herlief und dabei brüllte: »Zieh, Mutti, es muss schmerckxen!«

So tritt man in die Pedale, bis die Ausreißergruppen angesagt werden. Dann setzt man sich in den Graben und wartet auf das Rennen – ein Radsportler zu Fuß.

Fähnchen

Ich habe unglaubliche Pässe bezwungen, die mir allerdings keinen Ruhm einbringen, weil sie nicht die Spur eines Siegers tragen.

Wenn ich nach der Rückkehr aus dem Urlaub zu einem Freund sage: »Ich bin den Col du Finestre gefahren«, antwortet er: »Ich bin zum Entspannen in die Karibik gefahren.« Wenn ich hingegen zu ihm sage: »Ach, ich bin übrigens den Izoard hochgeklettert«, fangen seine Augen an zu leuchten.

Das Gleiche, wenn ich sage »Puy de Dôme«, »Alpe d'Huez«, »Tourmalet«, »Vars« oder »Pra Loup«.

Ob sie es wissen oder nicht, ob sie es wollen oder nicht, die Franzosen besitzen eine große Radsportkultur. Sie kennen die Sieger und die Orte ihrer Taten. Diese großen Sieger legen ihre eigene Geografie über die offizielle Geografie. Sie sind kleine Fähnchen, die man auf die Landkarte steckt, Orientierungspunkte.

Man kann sogar das Alter und die Vorlieben seines Gesprächspartners erraten. Wenn er bei »Pra Loup« anspringt, ist er ein Théveno-Merckxianer, bei »Puy de Dôme« ist er ein Anquetilo-Poulidorianer, bei »Alpe d'Huez« könnte es sich um einen Induráino-Züllianer handeln.

Landkarten

Am Abend vor einer Ausfahrt und manchmal noch am Morgen selbst hat mein Vater häufig mit mir die Landkarten gelesen. Dann standen wir nebeneinander vor dem Tisch, und ich folgte mit dem Finger. Ich wurde in das Geheimnis der gelben Straßen, der weißen Straßen und der gefährlichen Abschnitte eingeweiht, die mit roten Strichen versehen waren.

Die Nationalstraßen überließen wir den Autos, um überall sonst unsere Kreise zu ziehen.

Ich achtete besonders auf die kleinen Pfeilspitzen (»Achtelnoten«, sagte mein Vater, der sich mit Musik auskennt). Auf den Karten von früher wiesen sie auf Steigungen hin: ein Pfeil für mäßige Anstiege, zwei Pfeile für ernsthafte Steigungen und drei Pfeile für Steilhänge.

Das war die Zeit, in der Autos am Berg noch ins Schnaufen kamen und mit Schaum vor dem Mund anhielten, um wieder zu Atem und Wasser zu kommen: menschliche Autos.

Ich lernte auch Kilometerzählen, indem ich im Geist die kleinen Zahlen, die die Route säumten, zusammenaddierte.

Wir machten unsere Rundfahrt, und bei der Rückkehr lasen wir die Karte noch einmal, um die Umwege nachzuvollziehen, zu denen wir uns hatten hinreißen lassen, und um uns zu vergewissern, dass wir *das* wirklich gemacht hatten. Auf diese Weise habe ich den Süden und den Norden kennengelernt. Ich verirre mich selten.

Landkarten sind für mich Traumfabriken. Ich lese sie genauso gern wie Abenteuerbücher. Als Autofahrer benutze ich sie für den kürzesten Weg, für die langen Straßen, die die Städte untereinander verbinden, ohne dass man übers Land fahren muss. Als Radfahrer benutze ich sie für den ganzen Rest. Wenn ich mich in der Gegend auskenne, ist jeder Zentimeter auf der Karte eine Landschaft, die sich öffnet. Wenn ich sie noch nicht kenne, ist jeder Zentimeter eine Landschaft, die ich mir vorstelle und die ich erforschen werde. Ich liebe zum Beispiel die Karten der Bretagne, weil sie ein Radsport-Land ist, durch das ich noch nie gefahren bin. Sie ist meine stille Reserve, mein Keller. Das Meisterwerk, das noch ungelesen im Buchregal steht.

Wind

Der Radsport ist die Schule des Winds.

Man unterscheidet zwischen zwei Sorten Radsport-Wind: dem objektiven und dem relativen Wind. Den ersten erzeugt die Mechanik der Welt, der zweite ist das Werk des Rennradlers selbst. Sein Meisterwerk, könnte man sagen, denn je schneller er fährt, desto mehr Wind erzeugt er.

Der Wind, der einem ins Gesicht pfeift, ist der Wind der Welt. Gegen ihn kenne ich kein anderes Mittel als Freundschaft und Solidarität. An einem Tag, wo einem ein kräftiger Nordwind um die Nase bläst, geht nichts über einen Freund mit breiten Schultern. Man macht sich hinter ihm ganz klein und wartet, bis es vorüber ist. Genauer gesagt, man wartet, bis er an die Seite fährt und einem seinen Platz überlässt, damit man auch mal in den Wind geht.

Der stärkste Wind, an den ich mich erinnern kann, war der steife irische Westwind. Ich fuhr irgendwo bei Galway die Küste entlang und achtete darauf, stets gegen den Wind loszufahren, um sicher wieder nach Hause zu kommen. Ich war allein, der Kampf war hart. Es gab keine Gnade. Hier gab es nichts von dem, was einem woanders erlaubt, zu tricksen und in den Windschatten zu gehen: kein Baum, kein Haus, keine Hecke, kein Hügel. Nur die Meeresbrise, feucht, mächtig, unermüdlich. Ich saß geduckt auf meinem Rennrad und hatte den Eindruck, auf der Stelle zu treten, in der Ebene musste ich Gänge einlegen wie im Hochgebirge.

Der Rückweg entlang der irischen Küste, auf dem mein leichter Fahrtwind sich mit dem starken Seewind verband, war das reinste Vergnügen: eine größere Freude als bei einer Abfahrt, denn ich hatte den Eindruck, übertourig zu fahren, viel schneller, als man sollte.

Da ich früh aus Erfahrung gelernt habe, dass der Wind entkräftet, habe ich auch schnell gelernt, darauf zu achten, aus welcher Richtung er weht. In jedem Radfahrer steckt ein Seemann. Mit diesem Grundwissen kann man sich besser vor dem Wind schützen und die Kraft der anderen besser nutzen.

Wenn der Wind von der Seite oder schräg von vorn kommt, verteilen sich die Radfahrer fächerförmig über die Fahrbahn, um aus ihren Weggefährten einen Schutzwall zu machen. Diese Fächer heißen »Staffel«. Und wenn man die falsche erwischt hat, ist es fast unmöglich, von der einen in die andere zu wechseln.

Der relative Wind, den der Rennradfahrer erzeugt, entspricht seiner eigenen Geschwindigkeit. Man kann ihn spüren, wenn ein Rennradler vorbeifährt. Man kann ihn auch spüren, wenn ein schnellerer Radfahrer überholt – das nennt man »abgekocht werden«.

Als ich eines Tages den Pilat hochfuhr, ohne mich zu schonen, hat mich so ein junges Küken, das leicht war wie eine Gazelle und wie der geölte Blitz hochjagte, auf diese Weise abgekocht. Sehr hübsch, wie sie in die Pedale trat! Es war ein Vergnügen zuzusehen, wie gleichmäßig sie kurbelte und mir dabei den Staub aus dem Gesicht blies.

Zum Glück konnte ich mich an ihr Hinterrad klemmen. Der Rennradfahrer, der Wind erzeugt, bildet hinter sich einen Unterdruck, in dem sich gut fahren lässt. Wenn man am Hinterrad bleibt, spart man gut 25 Prozent Kraft. Danke, meine kleine Gazelle.

Sog und Windschatten sind zwei hervorragende Gründe, sich mit Rennradfahrern anzufreunden. So kann man ihre kombinierte Kraft nutzen und sich einen Moment der Erholung gönnen, bevor man selbst in den Wind wechselt.

Um die Sogkraft gut zu nutzen, muss man dranbleiben, nur wenige Zentimeter vom Hinterrad entfernt, in der »Blase«.

Wenn man drei Längen nachgibt, schließt sich der Wind um einen, und es kostet viel Mühe, wieder aufzuschließen. Wenn der Führende kräftig anzieht, kann es sogar unmöglich werden.

Während der Tour de France von 1996 zog sich das wegen des nahen Ziels nervös werdende Peloton bei einer rasanten Abfahrt vom Montgenèvre nach Briançon zu einer langen geraden Linie auseinander, und offenbar hatten alle

Fahrer Mühe, ihre Position zu verteidigen. Da geriet der schöne Melchor Mauri, der neben unserem Auto fuhr, mit seinen Gängen durcheinander und war gezwungen, den Platz zu räumen, worauf er schnell zurückfiel und hinter dem Peloton herfuhr. Christian Palka, unser Fahrer, sagte: »Wenn wir ihn dort lassen, hat er nachher zehn Minuten Rückstand. Bei dem Tempo schafft er es nie allein zurück.«

Also boten wir ihm auf etwa hundert Metern mit unserem Auto Windschatten, damit er wieder Anschluss fand. Dafür schenkte er uns ein Augenzwinkern. Zu dem Zeitpunkt fuhren wir mit achtzig Stundenkilometern.

Bitte erzählen Sie diese Geschichte nicht weiter. Das Reglement verbietet es strikt, den Rennfahrern so zu helfen und das gnadenlose Gesetz des Windes zu brechen.

Geräusche

Das Geräusch des Radfahrens ist das Geräusch des Winds. Die Maschine selbst muss so gut wie stumm sein.

Früher triefte sie vor Schmiere und Öl, heute wird maßvoller, aber nicht weniger wirkungsvoll gefettet. Ein echtes Fahrrad quietscht nicht, knarrt nicht, wimmert nicht – es surrt. In der Ebene darf man es nicht hören. Wenn man zufällig an einer Mauer vorbeikommt, kann man das leise Summen der Kette auf den Ritzeln hören. Das Rennrad der anderen hingegen hört man viel besser, vor allem jenes leise Klicken, das einen warnt, wenn jemand einen anderen Gang eingelegt hat und das Tempo sich gleich ändert.

Indexschaltungen verhindern das nervtötende Schleifen der Kette an den schlecht eingestellten Leitblechen der Umwerfer.

Schlauchreifen pfeifen auf ganz eigene Weise, besonders wenn man in den Wiegetritt geht und beschleunigt. Doch seitdem sich die Drahtreifen durchgesetzt haben, ist dieses Pfeifen ins Ton-Museum verbannt. Dort trifft es auf das Geräusch der Klingel, auf das Knarren des Ledersattels und das Schleifen des Schutzbleches am Reifen.

Auch die Bremsen schweigen inzwischen. Das Gummi der Bremsklötze greift auf sanfte Weise. Es ist wirkungsvoller und bleibt stumm.

Das Peloton hingegen macht Geräusche. Außen hört man ein mächtiges, tiefes Rauschen, ein Rauschen, das von keinem mechanischen Geräusch überdeckt wird. Wäre es eine Lokomotive, klänge sie eher wie ein TGV als wie ein Regionalzug.

Innen besteht das Rauschen aus hundert winzigen Geräuschen, die sich addieren. Hundert Schaltwerke, hundert Ketten, gefangen in einem beweglichen Kokon, in dem sich die Geräusche von vorn nach hinten bewegen.

Solange es gelingt, seine Position zu verteidigen, ist das Peloton eine schützende Blase, die einen isoliert und nach vorn zieht.

Wenn man die Ohren spitzt, kann man Wortfetzen, Gelächter, kurze Befehle hören. Im unteren Teil des Anstiegs ist es noch lustig, doch später, wenn man anfängt den Mund aufzureißen, nach Luft zu schnappen und dann noch immer hört, wie einige lachen, ist es weniger spaßig.

Etwa seit Ende der 1980er Jahre, als die Rennhaken verschwanden, erzeugt das Peloton ein neues Geräusch. Das ist mir eines Morgens gegen sieben im Zentrum von Saint-Étienne aufgefallen. Wir waren gut tausend Rennradler am Start. Als der Startschuss fiel, klickten sich zweitausend Radschuhe in die Pedale ein.

Ein hübsches Geräusch in der Stille des Sonntagmorgens, es sagte: »Auf geht's.«

Abfahren

In der Abfahrt fügt sich alles zusammen. In der Abfahrt verbinden sich der Skifahrer und der Rennradler in mir. Jede Abfahrt mit dem Rad ist eine Art gigantischer Slalom mit schmalen Abschnitten, Bremspassagen und der Notwendigkeit, alles vorherzusehen.

Um ein guter Abfahrer zu sein, muss man die Straße genau kennen, über das Wissen der Brücken- und Straßenbau-Ingenieure verfügen, eine instinktive und rasche Auffassungsgabe von den örtlichen Gegebenheiten haben. Jede Straße ist eine Zeichnung und jede Abfahrt eine Linie in der Zeichnung.

Die modernen Landstraßen zwingen dem Gelände mit Bulldozern und Dynamit ihr Gesetz auf, aber die älteren Straßen schmiegen sich an das Relief des Bodens und des Berges an.

Wenn man eine Kurve, in die man keinen Einblick hat, schnell nimmt, ist es unerlässlich, eine intuitive Vorstellung von ihrem Ende zu haben. Erfahrung ist immens wichtig. Je größer die Erfahrung, desto schneller fährt man ab.

Man muss wachsam und fit sein. Die Abfahrt ist das Gegenteil von Laufenlassen. Darum hege ich große Bewunderung für Radrennfahrer, die sich nach einer fürchterlichen Schlacht im Anstieg mit voller Geschwindigkeit die andere Seite des Berges hinabstürzen.

Die großen Abfahrer sind merkwürdige Wesen, vor denen man sich in Acht nehmen muss. Ich bin schon einigen gefolgt. Sie sind nicht zwangsläufig böse, aber ihre Virtuosität kann sie verändern. Alles läuft so, als wollten sie ihren Gegner einlullen. Sie setzen sich an die Spitze, wiegen einen in Sicherheit, und plötzlich findet sich der, der folgen wollte, am Boden, im Graben, im Geröllhang wieder. Es gibt einige Leute, die beschreiben eine Kurve, wo andere geradeaus fahren. Das muss man wissen.

Das Vergnügen, einen Berg hinunterzufahren, den man schon tausend Mal hinuntergefahren ist, liegt darin, so wenig wie möglich zu bremsen, den Bremspunkt hinauszuzögern, so schnell wie möglich in die Kurve zu gehen, richtig herauszufahren, um die nächste Kurve angehen zu können, eine tadellose Linie zu zeichnen und ihr einen musikalischen Rhythmus zu verleihen. Bei der Abfahrt ist gut singen.

Man kann es bei mittlerer Geschwindigkeit tun und trotzdem großes Vergnügen daran finden.

Wenn man hingegen müde oder einfach kraftlos ist, kann einem die Abfahrt vom Pass endlos scheinen. Wenn die Kälte hinzukommt und die Finger steif werden, wenn der Regen hinzukommt und die Bremsen versagen oder wenn der Wind über die Straße fegt, kann die Abfahrt zur Strafe werden.

Ich erinnere mich an eine Abfahrt vom Mont Ventoux bei einem eisigen Mistral, der mich erstarrt in Malaucène ablieferte, worauf ich es nicht schaffte, mich wieder aufzuwärmen, und – was noch schlimmer war – es nicht schaffte, mir auch nur die kleinste Freude des Anstiegs in Erinnerung zu rufen.

Gerüche

Radfahren riecht gut.

In der Haute-Loire riecht es nach Moos und Pinien und zwischendurch nach geschnittenem Heu. Hier und da auch nach einem Kuhfladen.

Kommt man an einem Weiler vorbei, überwiegt die Stallluft. Aber auch die Gerüche der offenen Fenster: Rinderbrühe, Bohnerwachs, frische Wäsche und Brathähnchen. Von den über Brüstungen geworfenen Laken und Decken steigt der Nachtgeruch auf, der sich im blauen Himmel verliert.

Der Sommer selbst hat einen kräftigen Geruch. Wenn die Straße durch ein Weizen- oder Roggenfeld schneidet, wenn man aus einem Waldstück in eine Lichtung kommt, fährt man durch würzige Hitzeschwaden. Die Hitze aktiviert die Harzgerüche und lässt von der Straße einen Teergeruch aufsteigen, der die Grundnote aller Sommerdüfte bildet.

Das große Konzert findet nach dem Regenguss statt, wenn die Fahrbahn noch vom Gewitter dampft und der große Duft der Welt von der Erde aufsteigt. Die zurückgekehrte Sonne trocknet das Trikot, und dann verbreitet man selbst eine Duftmischung aus Wolle und Salz. Der Geruch des Wassers verdampft allmählich, und für eine Viertelstunde hat man den Eindruck, im Innern einer Trüffel zu kurbeln.

Lange Zeit waren diese Gerüche für mich die Gerüche des Fahrrads. Wenn man schnell fährt und außer Puste kommt, gehen sie komplexe Verbindungen ein und schichten sich übereinander wie ein immer neuer Regenbogen.

Als mein Rennradler-Radius sich ausweitete, konnte ich zu dieser Palette noch den Geruch nach kalifornischen Fischen, Sand und Blumen hinzufügen, den Geruch des Kaminfeuers auf den österreichischen Almhütten, den Lavendel- und Thymian-Geruch der Provence, den Salzgeruch Irlands, den Geruch nach feuchtem Herbstlaub und Pilzen in den großen Pariser Unterhölzern und den feinen, frischen, reinen Geruch der Berghöhen.

Landschaften

Im Unterschied zu dem, was sich ereignet, wenn ich im Auto sitze und die Landschaft sich dem Blick darbietet, aber nicht der »Erfahrung«, sitze ich auf dem Fahrrad mittendrin.

Das Radfahren ermöglicht es, eine tiergleiche Beziehung zur Welt zu knüpfen: Die Berge, die man sieht, sind dazu da, hinaufgefahren, die Täler, hinabgefahren zu werden, der Schatten ist dazu da, sich zu verstecken und sich auszustrecken. In der Landschaft, ihrer Wärme, ihrem Regen, ihrem Wind zu sein, heißt, mit anderen Augen zu sehen, sie tief in sich aufzusaugen, sie sich instinktiv einzuverleiben. Der Berg, der sich vor mir erhebt, ist kein Berg, er ist zunächst bloß ein Anstieg, den es zu erklimmen gilt, eine Prüfung, ein Zweifel und manchmal eine Befürchtung. Am Gipfel ist er Eroberung und Leichtigkeit. Ich habe ihn erklommen, ihn »genommen«, und er ist in mir.

In gewisser Weise gehören mir auch der schöne Übergang in den Wald am Izoard, die Passstraße am Aubisque, die Tarn- und Verdon-Schlucht sowie der Wald von Rambouillet. Ich habe sie durchschwitzt. Sie waren nie ein bloßer Anblick, wir haben miteinander gespielt.

Wenn ich morgens aufbreche, haften an mir noch die Bettwärme und eine Nesthocker-Stimmung. Ich friere, und die kleinen Rennradlerschmerzen werden wach: das sich sträubende rechte Knie, ein vorübergehender Schmerz am Gesäß, ein steifer Rücken. Die Fahrbahn ist grau und irgendwie feindlich. Ich trete einen kleinen trotzigen Gang. Ich habe das Gefühl, meine Beine sind hart und die Welt ist weich. Ich sehe nichts.

Nach einigen Kilometern jedoch komme ich auf Temperaturen, mir tut nichts mehr weh, und die Welt ringsumher entfaltet sich. Sanft schlüpfe ich in die Landschaft. Ein Gleichgewicht stellt sich her, ganz egal, ob es warm ist, regnet oder Wind weht. Ich bin in Form, und dieses Gleichgewicht bleibt, auch wenn die Umstände sich verändern. Die kräftige frische Brise auf der Hügelkuppe wird ein Segen sein, ebenso die Hitzewand, die einem bei der Talabfahrt entgegenschlägt.

Was ich von der Welt sehe, wird verfeinert durch das, was ich von ihr und mir wahrnehme. Auf der winzigen Straße, die mich von Thézenac nach Cacharrat führt, gibt es einen kurzen Abschnitt von etwa hundert Metern, der von Bäumen geschützt ist und wo sich bestimmt eine versteckte Quelle befindet, die auch in der größten Sommerhitze noch ein wenig Kühlung bereithält. Für diesen »kühlen Abschnitt«, den ich in nur wenigen Sekunden durchquere und an dem ich, soweit ich mich erinnere, noch nie angehalten habe, kann ich zwei oder drei Stunden fahren, bloß um der

Freude willen, ihn wiederzufinden und diese alte Emp-findung für einen kurzen Moment wieder auf der Haut zu spüren – eine Empfindung, die bis in meine Kindheit zurückreicht, bis zu jenem Tag, an dem ich sie zum ersten Mal gespürt und vor Wonne und Erleichterung gelächelt habe.

Wenn ich in der Ferne pedaliere, in noch neuen klimati-schen Gefilden, muss ich diese Gegenden erst bezähmen, bevor ich die Welt rings umher wirklich wahrnehmen kann. Als ich in Kalifornien ankam, wo einen die Natur beständig verzaubert, musste ich erst lernen, in einer unbekannten Mischung aus sengender Sonne und eisigem Wind zu kur-beln. Man springt dort ständig zwischen Winter und Sommer hin und her, je nachdem, ob man im Schatten oder in der Sonne fährt, und wird gezwungen, sich am Tag zwan-zig Mal an- oder auszuziehen. Erst dann kann man sich an den Mammutbäumen und den goldenen Prärien ergötzen, an dem grauen und brodelnden Pazifik, der einem mit mür-rischer Miene hinterherblickt, und an den tausend Blumen, die der Wind am Wegesrand ausgesät hat.

Ich habe auch mein eigenes Bestiarium. Wenn meine Beobachtungen richtig sind, gibt es zwei Kategorien von Tieren: jene, die Lust hätten, selbst Rad zu fahren, und jene, denen der Anblick von Rennradlern gefällt.

Die Kühe etwa, von denen man glaubt, sie seien auf Züge spezialisiert, erfreuen sich durchaus auch am Anblick von

Rennradfahrern. Ob in der Normandie, im Bourbonnais oder im Forez: Sie folgen einem in ihrer sanften Art und ohne Eile mit dem Blick.

In der Haute-Loire gaffen auch die Sperber. Hoch über den Radhelmen ziehen sie ihre Kreise.

Mir gefiel eine Zeit lang der Nordhang des Col de Vars besonders gut. Ich fuhr ihn regelmäßig, es machte Spaß, ihn entlang der vielen kleinen Dörfer hinaufzuklettern. Vielleicht gehörte er zu meinen Lieblingspässen. Mittlerweile wurde die Fahrbahn für die Busse verbreitert, und der Berg ist überzogen von den Narben der Skilifte – »wieder einer flöten gegangen«, würde Queneau sagen. Als ich eines Morgens dort in stiller Einsamkeit hinaufkletterte, begegnete ich bei der Ankunft auf dem kurzen Flachstück an der Passhöhe einem aufmerksamen und völlig unerwarteten Zuschauer: einem Murmeltier. Dieses normalerweise scheue und ängstliche Wesen saß auf seinem Hinterteil, die Vorderpfoten auf die Brust gelegt, und erwartete mich mit wachsamem Auge. Ich hielt an, legte mein Fahrrad auf den Boden, und so verharrten wir eine Weile, Aug in Aug, nur zehn Meter voneinander entfernt. Nachdem es mit seiner Inspektion fertig war, es mich ausreichend beschnuppert und beobachtet hatte, lief es wieder davon, um meinen Anblick zu seinen Wintervorräten zu tragen.

Unter den Tieren, die am liebsten selbst fahren würden, sind die Hunde am fahrlässigsten. Neidisch springen sie einem an die Waden und tollen ausgelassen am Vorderrad herum – wenn nicht gar schlimmer. Die Pferde traben auf dem Parallelpfad mit vor lauter Glück, einen kleinen Spurt einlegen zu dürfen.

Auf dem Sträßchen, das unterhalb von Frétisse über Beauzac nach Sarlanges führt, hatte ich als Weggefährten einen prächtigen weisen Hasen. Er begleitete mich auf hundert Metern und hielt sich dabei rechts, ganz nah am Graben. Mich faszinierten der Anblick seiner Ohren, die den Takt schlugen, und das Geräusch seines Wettlaufs auf Sand und Asphalt. Er hatte keine Angst, war nicht einmal beunruhigt. Er folgte seinem Weg, der auch mein Weg war, und schlug sich dann in die Büsche, die seine Büsche waren.

In Irland habe ich meine Erfahrungen mit ihnen gemacht und sie in Kalifornien wiedergetroffen – auf meinen Ausfahrten entlang des Pazifiks: die Möwen. Sie sind die Anstrengendsten. Wenn die Langeweile sie überkommt, halten sie nach einem Ausschau und stoßen hinab. Ihre Motive sind unklar: Sie wollen einen nicht fressen, sie wollen einem nicht das Fahrrad stehlen; man könnte meinen, sie würden einem geheimen, bösen und seltsamen Plan folgen. Als ich die Bodega Bay entlangfuhr, dort, wo Hitchcock einst *Die Vögel* drehte, sah ich beunruhigt, wie die Möwen gezielt auf mich hinabstürzten. Ganz gleich, aus welcher Entfernung sie mich erblickten, peilten sie mich an und flogen mir kreischend und flügelschlagend um den Kopf. Manchmal wiederholten sie das bis zu zehn Mal, manchmal auch zu dritt oder zu viert, bis ich ihr Revier wieder verlassen hatte. Es ist ihnen gelungen, mir Angst einzujagen.

In Frankreich verändert sich die Landschaft schnell, und das Radfahrtempo erlaubt es, alle Variationen auszukosten. Am selben Tag kann man drei bis vier Mal »das Land« wechseln. Die Aufeinanderfolge dieser Landschaften übt einen starken Reiz aus. Unser Land ist ein Rennradland, dank des engmaschigen Netzes an Straßen und des vielfältigen Reliefs. Man kann sanft von einer Landschaft in die andere wechseln, von der Loire zu den sanften Erhebungen des Bourbonnais, vom Bourbonnais zu den alten Höhen des Morvan. Man kann auch radikale Übergänge wählen: in Pau die Straße nach Süden fahren und geradewegs auf den Steilhang der Pyrenäen zuhalten, Lourdes verlassen und wie an einem Klettersteig nach Hautacam hinaufkurbeln.

Die Geschwindigkeit des Fahrrads nimmt in der nahen Landschaft eine Auswahl vor. Wenn das Auge eine besondere Begebenheit, eine vergängliche Schönheit, einen flüchtigen Reiz aufschnappen will, muss es wachsam sein und sich aufs Wesentliche konzentrieren.

Warum hat mein Auge in dieser weitläufigen Landschaft des Col de Vars dieses Murmeltier gesehen? Warum hat es daraus geschlossen, es hätte auf mich gewartet?

Im Jahr 2000

Der Übergang ins Jahr 2000 war ein kommerzieller Misserfolg. Die Händler hatten gehofft, die Welt würde sich einmal um sich selbst drehen, wenn sie jeden Bewohner mit einem lustigen Hütchen, einer Luftschlange und einer Flasche Champagner auf die andere Seite der Erdkugel schicken würden. In San Francisco wartete man auf *Tout-Paris*. Zumindest auf jene, die nicht nach Auckland flogen.

Die Erdbewohner beschlossen allerdings, zu Hause zu bleiben und andere Feste zu feiern. Was Anlass zur Hoffnung für das dritte Jahrtausend gibt. San Francisco war am Abend des 31. Dezembers also ruhig, sogar ein wenig trist, weil die Händler aus Angst vor den Parisern ihre Schaufenster zugemauert hatten.

Eine Woche zuvor hätte ich mir das nicht vorstellen können. Ich hatte daher beschlossen, mir ein kleines Rennradlerfest fernab des angekündigten Trubels in der Stille der Wüste zu gönnen. Ich plante, das Tal des Todes mit dem Fahrrad zu durchqueren.

Nach einer Nacht in einem Motel in Lone Pine, wo während der Dreharbeiten zu einem Western John Wayne und Gary Cooper abgestiegen waren, nach einem *Breakfast* auf der Veranda einer Ranch am Taleingang mit Blick auf die

Sonne, die über einem maximalen Nichts aufging, nahmen mein Sohn und ich die Straße in Angriff (mein Sohn ist kein Rennradfahrer, aber er fährt sehr gut Rad).

Der Reiz am Tal des Todes liegt darin, dass es alle erdenklichen Wüstenformen bietet: Dünen, Felsen, Salzseen, bunte Gesteinspaletten. Der Reiz, es an einem 1. Januar zu durchqueren, liegt darin, dass die Sonne sehr niedrig am Horizont bleibt und das gesamte Farbspektrum zur Geltung bringt, ohne dass je etwas übertüncht würde. Außerdem ist die Hitze erträglicher.

Ich wollte am tiefsten Punkt des Tals starten, bei ungefähr minus 300 Metern, um die Spitze des etwa 1.700 Meter höher gelegenen Dante's Peak zu erklimmen und das Panorama des gesamten Tals zu überblicken. Es ist ein schöner, regelmäßiger Anstieg, mit langen Geraden und einem furchtbaren letzten Kilometer. Der Höhenunterschied ist vergleichbar mit dem eines großen Alpenpasses. Es gibt keinen Verkehr, und es ist ratsam, Trinkflaschen und eine Wärmflasche mitzubringen, wenn man vorhat, nach Einbruch der Nacht noch eine Weile draußen zu bleiben.

Der Anblick ist außergewöhnlich, grandios, erhaben und alles – aber nichts für Radfahrer. Wie für die meisten amerikanischen Landschaften gilt, dass der Rhythmus des Fahrrads ihr nicht entspricht. Entweder fährt das Rad nicht schnell genug oder die Landschaft verändert sich nicht schnell genug, jedenfalls widersetzt sich etwas ihrer

Verbindung. Die Landschaften sind maßgeschneidert für Autos. Auf diesen endlosen geraden Strecken hatte ich den Eindruck, ein an diese Welt nicht angepasstes Tier zu sein, eine Sempé-Figur, die für die Umgebung zu klein ist, eine winzige Lebensspur im Tal des Todes.

Ich habe dort eine unerhörte Erfahrung gemacht. Die Luft war so trocken, dass ich den Eindruck hatte, sie würde meinen Schweiß aufsaugen. Kaum hatten sich auf meiner Stirn Perlen gebildet, waren sie schon wieder fort, aufgesogen, im blauen Himmel verdunstet. Der Schweiß ist ein Panzer, ein Schutzschild, der einen umgibt und vor der Berührung mit der Welt bewahrt. Sich aufzuwärmen, heißt, die Uniform des Matadors anzulegen. Hier war ich nackt, ich kletterte im raschen Rhythmus hinauf, weil der Asphalt gut und der Tag kurz war, trotzdem hatte ich das Gefühl, nicht den richtigen Energieumsatz zu finden. Ich habe ihn während des gesamten Anstiegs gesucht und bin am Gipfel angelangt, ohne ihn gefunden zu haben.

Oben kam dann die Belohnung. Die Welt war wunderschön, wie an ihrem Ursprung, so still wie nirgendwo sonst, ganz gleichgültig gegenüber der kleinen Millenniums-Aufregung. Ich wartete die Dämmerung und die eisige Kälte der Nacht ab. Millionen von Sternen.

Es war das Jahr 2000, und mein erster Wunsch war es, diesen Rennradausflug zu Beginn eines jeden neuen Jahrhunderts zu wiederholen, um mich immer neu zu bestimmen.

Mont Ventoux

Zugegeben, es gibt noch höhere Erhebungen als den Mont Ventoux. Alle Radfahrer kennen die berühmten Bergmassive mit ihren Passhöhen und Landschaften: den Galibier-Scheiteltunnel, den Col d'Izoard mit der Casse déserte, die letzten hundsgemeinen beiden Kilometer des Col de Restefond, die Spitzkehren von Alpe d'Huez, den lange Zeit nicht asphaltierten Gavia-Pass oder die gefährliche Rechtskurve an der Brücke Saint-Charles auf der Iseran-Straße ... An diese legendären Stätten pilgern alljährlich die Rennradfahrer.

Der Mont Ventoux steht einsam da in der weiten Ebene. Er überragt kein Tal, führt nirgendwohin. Er dient nur einem Zweck: erklommen zu werden.

Er hat sein eigenes Klima, seine eigene Natur. Grönland-Mohn und Steinbrech, Prozessionsspinnerraupen und Käfer prägen die Flora und Fauna. Der Wind stellt Radfahrer vor manch eine Herausforderung, und wenn der Wettergott gnädig gestimmt ist, genießt man eine herrliche Fernsicht.

Der Mont Ventoux ist für den Radfahrer ein Mysterium. Kein Aufstieg ist wie der andere. Jeder Rennradler hat eine besonders glorreiche Auffahrt in Erinnerung. Für mich ist es jener Aufstieg mit meiner Schwester, den ich an einem wunderschönen provençalischen Morgen mit einer sanften Nordbrise erlebte. Und für Jean-Noël Blanc jener Tag, als hüfthohe Schneewände die Strecke säumten und er den gesperrten Mont Ventoux ganz für sich allein hatte.

Auf die gleiche Weise erinnert sich jeder an bleierne Tage, an denen das Rad unvermittelt, ohne Grund, auf dem weichen Teerband festzukleben schien. An Tage, an denen man schweißgebadet ist, das Obst in der Trikottasche matschig wird oder einen plötzlich dumpfe Angst befällt.

An einem dieser schrecklichen Tage befand ich mich am Nordhang. Ich hatte erst die halbe Strecke zurückgelegt, als meine Trinkreserven zur Neige gingen. Es herrschte bleierne Hitze, jene gewittrige Schwüle der Hundstage. Am Straßenrand bemerkte ich eine kleine Quelle und hatte es eilig, die Trinkflaschen zu füllen. Doch vergeblich: Heerscharen von Wespen und Insekten schwirrten um den tropfenden Wasserhahn.

Es war erst zehn Uhr morgens. Der Teer wurde weich, und meine Flaschen blieben leer.

Solche Aufstiege sind ein Alptraum, man hat keine Orientierung mehr.

Die Augen starren aufs Vorderrad, die Wahrnehmung ist verschwommen. Der Weggefährte, der im unteren Abschnitt nur mit Mühe und Not vorankam, zieht an einem vorbei. In Zeitlupe gräbt man einen Maultierpfad in die schnurgerade Straße. Autofahrer hupen laut. Man kommt nicht einmal auf den Gedanken, sich umzudrehen. Man denkt überhaupt nicht mehr.

Der Ventoux existiert nicht an sich. Er offenbart einem nur das eigene Ich. Er spiegelt die eigene Angst und Müdigkeit wider. Er weiß alles über die Fitness und die Fähigkeit zum Rennfahrerglück und zum Glück ganz allgemein. Man bezwingt sich selbst. Wer das nicht will, bleibt lieber am Fuße des Bergs.

MITTENDRIN

Velodrom

Es war ganz aus Holz, wie ein alter Kahn, und knarrte in allen Fugen. Es war voll Tabakqualm und Staub, mit Kippen übersät. Wir saßen auf Galeerenbänken zwischen kräftigen Kerlen, deren Gebrüll das allgemeine Stimmengewirr überdeckte. Ich war noch klein und machte mich noch kleiner, überwältigt vor Glück, im Vélodrome d'Hiver zu sitzen.

Saint-Étienne gehörte zu den wenigen Städten, die eine solche Winterbahn besaßen, aber sie war derart marode und gefährlich, dass sie abgerissen wurde. Das Versprechen, eine neue Piste zu bauen, geriet im Laufe meiner Jugend allmählich in Vergessenheit. Heute denkt keiner mehr daran.

Ich mag die »Eichhörnchen«. Sie bilden die virtuose Spitze der Rennfahrerzunft. Ich denke mir, dass sie ein bisschen verrückt, ein bisschen autistisch sind, wie sie so gebannt auf ihr Vorderrad starren, ganz auf die Anstrengung konzentriert, ganz gefangen von ihrer eigenen Virtuosität, kraftvoll und wendig, von ihrer starren Nabe nach vorne getrieben (die Räder haben keinen Freilauf, und die Pedale drehen sich mit), ohne Bremse. Sie haben sich für die radikalste Form des Radsports entschieden: für die reine Geschwindigkeit.

Bahnrennen sind die pure Essenz des Radfahrens, seine Innerlichkeit und sein Gegenteil. Schnörkellose und spartanisch ausgestattete Räder, einfache und spannungsintensive Regeln, ein abwechslungsreiches und zugleich verwirrendes Spektakel, ein Hauch Traurigkeit bei den Rennfahrern, die weder frische Luft noch Landschaften, weder Tag noch Nacht kennen. Ein rätselhaftes Schauspiel, das einst Besuchermassen in den Bann schlug und nun keinem mehr gefällt, ohne dass man wüsste, was zuerst nachgelassen hat: das Angebot oder die Nachfrage.

André Pousse, ein alter Hase auf der Bahn, erzählte mir von seinen Erinnerungen an die Sechstagerennen, von seiner Aversion gegen die Straße, von seinen Kniffen und Tricks, seinen gespenstischen Jagden um zwei Uhr nachts und von dem kleinen, unauffälligen Schlag auf den Nacken, den man bei extremer Schräglage in jeder Steilkurve spürt, bis der Hals und die Schultern nach Stunden bleischwer werden …

Als man im Pariser Stadtteil Bercy versuchte, die alte Magie wiederaufleben zu lassen, eilte ich sofort hin. Tatsächlich gab es eine Bahn und eine Elite mit klangvollen Namen … und das war es auch schon. Es fehlte die Stimmung des Velodroms.

Im Velodrom von Saint-Étienne sah ich den alt gewordenen Coppi, sah ich Anquetil, sah ich Rivière, der sich erbitterte Zweikämpfe lieferte. Ich sah wahnsinnige Steher an der

Rolle ihrer Schrittmachermaschine, deren Abgasgeruch sich mit blauem Tabakdunst mischte – nach Rennschluss hätte man meinen können, die Fahrer drehten ihre Runden in einem Pfeifenkopf. Ich sah die Sechstagefahrer, die sich bei den Ablösungen anschoben; die Madison-Spezialisten, wie sie sich in einem schwindelerregenden Gedränge auf der Bahn tummelten; die reinen Sprinter, die in den Steilkurven förmlich an den Banden klebten.

Ich hielt mich gern im Bereich der Kurven auf, dort, wo die Neigung am stärksten ist, dort, wo die Sprinter hinaufsteigen, sich belauern und dann, wie Bussarde, auf die Sprinterlinie hinabstürzen, um den Gegner zu überraschen.

Ich träumte davon, diese Empfindung zu ergründen, ich, das Pummelchen, das in seiner Loge saß, neben Roger Rivières Mutter, die das Treiben ihres Sohnes sorgenvoll verfolgte.

Die Erinnerung an die wenigen Abende, die ich mit meinem Vater im Vel' d'Hiv verbracht habe, ist so lebendig, dass mich die Lust, selbst ein paar Bahnrunden zu fahren, nie losgelassen hat. Doch bin ich nie auf einer solchen Piste gefahren, denn es gibt keine mehr.

Erst sehr viel später habe ich einen Ersatz dafür bekommen, ich hatte die Gelegenheit, im Autodrom von Linas-Monthléry zu fahren – mit dem Rad wohlgemerkt. Auch dort gab es diese überhöhten Kurven, gepaart mit der Sorge, auch genügend Fahrt aufzunehmen, um nicht mit dem äußeren Pedal über den Asphalt zu schrammen, doch es fehlte das Ahornholz, das pfeifende und tiefe Laufgeräusch der Seidenreifen, der enge Kurvenradius, die stickige Luft – das Velodrom.

Die Körnung des Asphalts

Plötzlich wird der Asphalt glatter, meine Beine kurbeln freier. Mit einer mechanischen Handbewegung schalte ich in einen größeren Gang und gehe in den Sattel zurück. Mit dem Departement hat die Körnung gewechselt.

Jedes Departement – teilweise sogar jede Kommune – teert die kleinen Landstraßen auf seine eigene Weise, jedes hat seine eigene Vorstellung von dem idealen Asphalt, von dem perfekten Belag. Für Rennradfahrer macht sich das Überschreiten der Grenze als kleiner Stoß bemerkbar, als ein neues Gefühl beim Treten.

Im Gebirge, wo im Winter beißende Kälte herrscht und der Sommer den Teer aufweicht, besteht die Fahrbahn aus großen dunklen Gesteinskörnern: Dieser kaviarähnliche Belag löst ein winziges Dauerbeben aus, das den Damm gefühllos werden lässt, durch die Handschuhe dringt und in den Händen ein Kribbeln verursacht. In der Abfahrt zieht dieses Gefühl an beiden Seiten der Wirbelsäule hinauf, zu den Schultern und weiter bis in die Arme und Hände.

Im Anstieg ist an anstrengenden Tagen jedes Stück Rollsplitt ein winziger Berg, den man zusätzlich zum eigentlichen Berg hinaufklettern muss – es »rollt nicht«, was im Klartext heißt, man muss mehr geben.

Wenn ich im Frühling meine gewohnten Landstraßen wiederfinde, hat sich der Frost in die Fahrbahn genagt, sie mit Rissen durchzogen. Die Lastwagen haben Schlaglöcher gegraben, die von den Straßenarbeitern mit einer schwarzen Masse gestopft und mit der Kelle glatt gestrichen werden. Wenn sie allzu großzügig waren, bleibt eine Beule zurück, wenn sie geknausert haben, ein Loch. In beiden Fällen mache ich kleine Sprünge, und es bleibt ein wenig Rollsplitt an meinen Reifen haften. Wenn ich ihn nicht mit dem Handschuh wegfege, mache ich alle 2,198 Meter einen Hüpfer und riskiere obendrein einen Platten. Es braucht viel Wärme, viel Kälte und Hunderte von Autos, die darüberfahren, damit die Flicken mit dem Asphalt verschmelzen und auf der Fahrbahn bloß dunkle Flecken hinterlassen, die von den Jahren breitgewalzt werden. Auf diese grobkörnigen Straßen zeichnet der Frühlingsregen Ströme aus roter Erde, verstreut das Gewitter abgebrochene Zweige und der Herbst feuchtes Laub.

In den Gräben wuchern wadenhohe Brennnesseln und Himbeersträucher. Und wenn die Straßenarbeiter trödeln, sieht man mitten auf der Fahrbahn, dort, wo der Asphalt aufgesprungen war, ein Grasbüschel wachsen.

Die Landstraße, auf die ich im Tal stoße, ist feinkörnig. Ihr Asphalt ist hell und ebenso glatt wie das ruhige Wasser des Kanals, der sie säumt.

Mein Atem wird länger, und wenn ich beschleunige, »rollt es«.

Durch die vielen kleinen Landstraßen, durch die Reisen in die Ferne und die Runden um mein Dorf ist in mir ein Sattelgedächtnis entstanden.

Meine Liste der Empfindungen reicht von der gestampften Erde der alten Dolomitenpässe über die schönen Straßendecken, die sich wie Gummi anfühlen, das Kopfsteinpflaster, die Panzerstraßen, die an den Fugen *tadamm* machen, bis zu dem glatten Zementbelag der Autobahnen, die ich gelegentlich am Tag vor der offiziellen Eröffnung entlanggefahren bin.

Der Schritt des Rennfahrers ist der Ort historischer Dramen, böser Furunkel und heimtückischer Verhärtungen, die Einfluss auf den Rennausgang nehmen. Für mich ist es der Ort einer hochsensiblen Intelligenz. Man könnte mich mit verbundenen Augen an einen beliebigen Ort bringen, und ich würde schon bei der Berührung des Sattels die Körnung wiedererkennen, die mir die Straße einst eingeschrieben hat.

Gedächtnis

Das Radfahren kann einem verblüffende Dinge einprägen. Es gibt ein Schenkelgedächtnis, das nicht dem normalen Gedächtnis entspricht. Der Körper bewahrt die Erinnerung an Momente großer Anstrengung. Manchmal werden die schwierigsten, mühseligsten Momente wieder aus dem Gedächtnis gelöscht. Aber es gibt auch unerwartete Erinnerungen an unerwartete Momente, die man gar nicht als so außergewöhnlich empfunden hatte, an die sich die Muskeln jedoch aus unerfindlichen Gründen erinnern.

Als wir eines Tages von Saint-Véran abfuhren, wurden wir im Tal von Guil von einem Gewitter überrascht, einem klassischen Gebirgsgewitter mit heftigem Donnergrollen, das uns mit strömendem Regen übergoss. Wir suchten Schutz in einem Café. Nach einer halben Stunde war das Gewitter weitergezogen, der größte Teil des Wassers von der Fahrbahn geströmt, und es hatte ein feiner Nieselregen eingesetzt.

Das alles war nicht unbedingt ermutigend, aber man konnte fahren. Also erklärte ich mich bereit, das Auto zu holen, das in Guillestre stehen geblieben war. Diese zwanzig Kilometer unterm Regen haben sich mir für immer eingeprägt. Sie steigen regelmäßig an die Oberfläche meines

Bewusstseins und erzählen mir vom Radfahren. Lag es am Regen? Lag es am Licht, das die Fahrbahn allmählich heller werden ließ? Lag es an dem sanften Gefälle, das es mir erlaubte, bequem große Gänge zu fahren? Lag es an der kleinen Pause, die ich mir gegönnt hatte? Ich werde es nie erfahren, denn meine Muskeln haben die Erinnerung unverfälscht, in ihrer ganzen Intensität und Dauer, bewahrt, ohne sie jedoch zu analysieren.

Der österreichische Skifahrer Franz Klammer hat eines Tages seine siegreiche Abfahrt von Kitzbühel vor der Kamera wiederholt. Als Geschäftsmann mit Schlips und Kragen, hinter seinem Schreibtisch, mit geschlossenen Augen, während die Hände vor dem Gesicht die Kurven zeichneten. Er ist auf die Sekunde genau die gleiche Zeit gefahren.

Durch die Anstrengung können sich auch sehr paradoxe Dinge einprägen. Zwischen Yssingeaux und Retournac etwa steigt die Straße, nachdem sie einen ins Loire-Tal hinuntergeführt hat, auf einem zwei- bis dreihundert Meter langen Abschnitt plötzlich sehr steil an.

Ich hasse diesen Knochenbrecher, der mich an die Fahrbahn nagelt, die Hitze in mir aufsteigen und mir nicht die geringste Chance lässt, ihn schnell hinter mich zu bringen oder einen gleichmäßigen Kletterrhythmus zu finden.

Aber genau dieser verdammte Buckel kommt bei jeder Gelegenheit in mir hoch, er kommt nicht wie eine schmerzliche Erinnerung in meinen Schenkeln hoch, sondern eher wie eine Aufforderung, Gas zu geben. Offenbar führt seine mörderische Bremswirkung zu dem gegenteiligen Ergebnis.

Freunde

Wenn wir in den frühen Morgenstunden Seite an Seite losfahren, haben wir uns viel zu erzählen. Wir haben uns seit dem Vortag, seit einer Woche oder seit einem Jahr nicht gesehen, aber wir teilen gleich wieder denselben Atemrhythmus, denselben Gesprächsstoff.

Es geht nichts über eine gute Unterhaltung, um sich aufzuwärmen. Der ideale Trittrhythmus, um sich einzurollen, ist, wenn man sich dabei noch unterhalten kann. Natürlich variiert er von Person zu Person, und so mancher Spaziergänger wird staunen, wenn sich Radrennfahrer bei Tempo vierzig noch Geschichten erzählen und die Hände am Oberlenker lassen, trotzdem sind sie noch beim Einrollen. Solange man beim Treten redet, macht man sich warm. Wir reden über Gott und die Welt: über Bücher, Kino, Restaurants, Arbeit, das Leben im Allgemeinen und das Fahrrad im Besonderen.

Ich habe Rennradlerfreunde, die ich nur vom Rad her kenne – ich habe sie noch nie mit Anzug und Krawatte gesehen. Ich habe Radsportfreunde, mit denen ich ständig zusammen bin. Wir bilden eine Clique, ein kleines Peloton, eine Ausreißergruppe in wechselnder Gestalt. An manchen

Vormittagen sind wir zu zweit, an anderen zu zwölft, verloren in einem Ozean von viertausend Rennradfahrern.

Eine Gruppe von Rennradlerfreunden hat fast immer ein hohes Niveau. Man braucht geradezu eine gewisse körperliche Verschworenheit, um gemeinsam fahren zu können. Es kommt nicht darauf an, ob alle gleich oder gleich stark sind, jeder kann seinen Part beitragen.

Die Rennradlerpersönlichkeiten lassen sich in klare Kategorien einteilen. Wie am Theater gibt es verschiedene Typen von Radsportlern mit sehr unterschiedlichen Charakteren und Physiognomien. Was bei den Profis sofort ins Auge springt, ist bei den Amateuren nicht minder auffällig. Der Radsport kennt gleichermaßen Mollige und Schmächtige (»Schenkelwunder« und »Storchenbeine«, wie Jean-Noël Blanc sagen würde), doch er nimmt es mit den Unterschieden nicht so genau. Jeder kann sein Glück versuchen.

Nehmen wir etwa die Kletterer. Da gibt es ganz klar zwei Unterkategorien: die Engel, die so schmal sind wie Plattfische und dem Gipfel förmlich entgegenfliegen, und die Stiere, die mit viel Willen und Energie gegen die Schwerkraft ankämpfen. Zur ersten Unterkategorie gehören Charly Gaul und Pantani, zur zweiten Hinault und Induráin. Jeder ist imstande, über den anderen die Oberhand zu gewinnen, vorausgesetzt, er hält sich an das, was er wirklich kann: Die Stiere sollten sich nicht darauf versteigen, den Antritten der Engel folgen zu wollen, und die Engel dürfen sich nicht vom gleichmäßigen Tempo der Stiere zermürben lassen. Erkenne dich selbst!

Diese unterschiedlichen Typen findet man auch unter den Sonntagsfahrern, und für eine gute Gruppe braucht man diese Vielfalt. Jeder Einzelne muss sowohl den anderen wehtun als auch jederzeit das Tempo halten können, auch wenn er dabei die Zähne zusammenbeißt. Wenn einer zu schnell ist, bringt er niemanden weiter und verpulvert seine Kraft, indem er nach jeder Steigung auf die anderen wartet. Wenn einer zu langsam ist, verliert er bald den Mut, weil er ständig wie ein Besenwagen hinter der Gruppe herfährt. Die kleinen Rennradlergruppen, die ich kenne, haben ihr natürliches Gleichgewicht dank ihres eigentlichen Ziels gefunden, das darin liegt, das gemeinsame Pedalieren zu genießen.

Der Genuss ist vielfältig. Zum einen ist es das Vergnügen, die schönen Seiten des Radsports miteinander zu teilen: die Dinge, die man sieht und riecht, die Anstrengung, die Hitze. Es ist aber auch der gemeinsame Wunsch, aufzubrechen, auszufahren – allein würde man vielleicht im Bett liegen bleiben, sich Sachen ausdenken, die zu tun sind, würde angesichts des Wolkenhimmels zögern. Es ist auch das Glück, Gas zu geben, als wäre man noch fünfzehn. »Nur mal so« Tempo zu bolzen, liegt in der Natur des Rennradlers. Das Rennrad lässt einem stets die Wahl zu kämpfen. Selbst wenn ich allein bin, gebe ich Gas. Wenn ich mich wohl fühle, mache ich Tempo. Wenn ich mich dann noch immer wohl fühle, mache ich noch mehr Tempo, bis ich mich nicht mehr so wohl fühle. Dann habe ich mir selbst einen »Laktateinschuss« verpasst. (So heißen sie, die kleinen Folgen des Übermuts, mit denen man am Ende des Tages büßt.)

Wenn man den plötzlichen Antritten der anderen folgen kann, sind sie ein Geschenk für die eigene Fitness. Sie lassen einen besser werden, auch wenn man sich ärgert, für einen Moment abgehängt zu werden – doch dieser Ärger dauert bei mir nie länger als fünf Sekunden. Es ist alles eine Frage der Disziplin. Mit Rémy bin ich eine Zeit lang Ski gefahren, und wir haben uns gut verstanden. Daraufhin habe ich den Versuch unternommen, ihn zum Radsport zu bekehren, und er ist ein tadelloser Rennradler geworden – tatsächlich kann man in jedem Alter zum Rennrad konvertieren. Die Freunde, die auch Freunde des Radsports sind, sind doppelte Freunde: Pistazie und Schokolade.

Die anderen

Man kann lange und weit pedalieren. Mit einer guten Technik und ein wenig Übung gewöhnt sich der Körper sehr schnell an die Anstrengung und will mehr. Nach den ersten paar hundert Kilometern könnte man irgendwann den ganzen Tag weitertreten und sich gut vorstellen, ernsthafte Steigungen und hügeliges Terrain anzugehen. Nach ein paar weiteren hundert Kilometern spielt man sogar damit, zu beschleunigen und Tempoarbeit zu machen. So erreicht man nach und nach das Eldorado der »Topform«. Man fühlt sich wie im Paradies.

Doch in dem Moment begegnet man auf seiner gewohnten Landstraße einem Rennrad-Kumpel und beschließt, sich an sein Hinterrad zu hängen. Und mit einem Schlag, einem einzigen Schlag, wird man aus dem Eden vertrieben und ist am Ende seines Lateins.

Die Hölle, das ist der Rhythmus der anderen.

Wenn man die Entscheidung, ob man das Tempo anzieht oder drosselt, nicht mehr in der Hand hat, ist man ein anderer Fahrer. Eine hinterhältige Logik will, dass der Rhythmus immer dann schneller wird, wenn einem die Beine wehtun, man gerade in seine Handschuhe schlüpft oder sich etwas überzieht ...

So kann man im Kleinen erfahren, wie hart ein echter Wettkampf ist.

Man tut grundsätzlich gut daran, seine Weggefährten zu kennen. Sonst ist man weg vom Fenster. Sonntagmorgens weiß ich, dass Rémy im Chevreuse-Tal in jeder Steigung aus dem Sattel gehen wird. Ich weiß, dass wir Rino auf dem Plateau heftige Schmerzen in den Beinen verdanken werden. Ich weiß, dass Sébastien immer dranbleiben wird. Das ist ihr Charakter; ihre Seele hat ihre Schenkel geprägt. Damit muss man leben.

Als ich die Tour de France begleitete, sah ich Profifahrer, die morgens bei dem Gedanken, dem Peloton womöglich nicht folgen zu können, aschfahl wurden. Abends waren sie dann völlig entkräftet, aber glücklich, ihren Platz innerhalb der Traube verteidigt zu haben und weiterhin Teil der Tour zu sein.

Da wir meistens damit beschäftigt sind, uns die Spitze der Tour anzusehen, machen wir uns nicht klar, was es bedeutet, einfach nur dabei zu sein, den Rhythmus der anderen zu halten. Den Rhythmus der Besten, den Rhythmus jener, die nur zehn Minuten lang Stärke zeigen, den Rhythmus der Haudegen.

Die Fahrer spüren deutlich, wie sehr sie die anderen brauchen, um zu dem zu werden, was sie sind. Genau das meinen sie, wenn sie einräumen, dass ihnen »Wettkämpfe fehlen«.

Nur durch die anderen, egal, wer sie sind, erlangt man eine bessere Form und eine höhere Stufe in der Erkenntnis seiner selbst. Man mag bereits gut gewesen sein, aber dank der anderen wird man noch besser. Bald ist man selbst an der Reihe, den anderen *seinen* Rhythmus aufzuzwingen.

RUND LAUFEN

Das blaue Trikot

Da ich ein blaues Trikot wie das der italienischen Mannschaft anhatte, nutzte ich die Gelegenheit und schmuggelte mich bei der Tour de l'Avenir ein. Die stärksten Profis waren schon seit einiger Zeit durch, da entdeckte ich einen großen Blondschopf mit rotem Trikot, der den Pass in einem annehmbaren Rhythmus erklomm.

Ich hängte mich an sein Hinterrad, fuhr dann an seiner Seite, und so kurbelten wir gemeinsam, angefeuert von den Zuschauerhorden, den Col de la Forclaz hinauf.

Er war Russe, und da ich einige Brocken seiner Sprache radebrechen konnte, tauschten wir ein paar atemlose Sätze aus. Er wollte vor allem wissen, ob diese Hölle noch lange dauerte, wie viele Stunden man diesen endlosen Berg hinaufklettern müsste. Entlang dieser weißen Felswände, die die Straße säumten und die Hitze und das Licht der Sonne reflektierten. Er wollte Wasser, ich gab ihm welches, er wünschte sich zurück zu den Flachetappen der Friedensfahrt und zu den Ebenen Zentralasiens, woher er stammte. Es fehlte nicht viel, und er hätte mir einen großen melancholischen Anfall hingelegt, während er wie ein Besengter nach Chamonix hinaufkurbelte.

Ich war glücklich, an dem Rennen teilzunehmen und in angenehmer Gesellschaft Kilometer zu fressen. Ich hütete mich davor, ihm vom Galibier zu erzählen, der ihm am nächsten Tag bevorstand. Wir fuhren im regelmäßigen Rhythmus hinauf, und ich setzte mich an die Spitze. Ich war glücklich, an der Tour de l'Avenir teilzunehmen – sie war das Richtige für mein Alter. So konnte ich etwa zehn Kilometer lang auf Russisch vor mich hin träumen. Dann kam ein Motorradfahrer und fragte mich, wo meine Rückennummer sei. So endete meine Karriere als blinder Passagier an Bord des Wettkampfs.

»*Do svidania, tovarich*«, rief ich und ließ meinen Mannschaftskameraden allein weiterfahren. Er war nur noch zwei Kilometer vom Gipfel entfernt.

Rennfahrer

Lange Zeit habe ich mich gefragt, warum ich kein Renn-fahrer geworden bin. Vor allem in Zeiten, wo ich noch in Topform war und schnell fuhr. Ich verfüge nicht über au-ßergewöhnliche körperliche Voraussetzungen, aber sie sind ausreichend. Ich hätte vielleicht ein namhafter Radrenn-fahrer werden, zumindest aber an Wettkämpfen teilnehmen können.

Eines ist sicher, ich hätte es versuchen können.

Ich habe es nicht getan.

Objektive Gründe gibt es viele: Ich hatte »Besseres« zu tun, und in dem Alter, wo man versucht, Radprofi zu werden, war ich mit anderen Dingen beschäftigt. In den sechziger Jahren waren der Sport und insbesondere der Radsport schlecht bezahlt und perspektivlos. Heute wäre es etwas anderes. Der Sport bietet ausgezeichnete Möglichkeiten, sich erfolgreich in den Drogenhandel zu stürzen.

Es lag auch am Zeitgeist. Der Lieblingssport meiner Schulkameraden war die Befreiung vom Sportunterricht. Jeder Vorwand war recht, um von diesen vier armseligen Sportstunden pro Woche etwas Zeit abzuknapsen und sie in Stunden eifrigen Lernens zu verwandeln. Die Schlau-esten erfanden mit Unterstützung ihrer Eltern unglaubliche

Ausreden. Sie erkrankten an Schnupfen und chronischer Angina, nur um der Mathematik jene Zeit zu widmen, die eigentlich den Muskeln und dem Spiel vorbehalten war. Es war normal, Sportler für Vollidioten zu halten … Da ich den Sport genauso mochte wie andere Fächer, geriet ich immer häufiger in die Zwickmühle: Wie oft stand ich nicht allein vor dem Basketballbrett, als ich mich auf die Aufnahmeprüfung für die Universität vorbereitete? Wie viele Runden habe ich nicht allein auf dem Ehrenhof des Gymnasiums gedreht?

Wie alle Mogler, die etwas auf sich halten, versteckte ich meine verbotene Lektüre in der Schreibklappe meines Pults: Wenn man die *L'Équipe* ganz klein zusammenfaltete, passte sie genau in die Lücke zwischen Büchern und Heften und füllte die Stille des Klassenraums mit dem lauten Knistern von zerknülltem Papier. Damit man mich nicht falsch versteht: Nicht vor dem Lehrer musste ich meine Lektüre verstecken – denn der Lehrer hatte dasselbe Virus wie ich –, sondern vor meinen Klassenkameraden.

Der geheime Garten der Muskeln, den ich jeden Sonntagmorgen auf meinem Fahrrad kultivierte, machte aus mir automatisch ein Mitglied im Club der Vollidioten. Ich war zwiegespalten, und es war nicht leicht, nur ein halber Rennfahrer zu werden.

Natürlich steckte noch ein anderer Wurm drin. Ich hatte das verwirrende Gefühl, nicht dieselbe Art von Radsport zu mögen wie meine Freunde, die an Wettkämpfen teilnahmen. Es war keine Frage der Ethik oder Ästhetik – ich habe mich nie an dem alten Zwist zwischen Cyclotouristen und Rennfahrern beteiligt. Rein instinktiv fühlte ich mich der zweiten Gruppe mehr verbunden. Ich kurbelte wie sie, ich jagte wie sie die Straßen entlang, ich brach wie sie erschöpft zusammen und hatte nicht viel übrig für die Vernunft und Besonnenheit bei den nicht wettkampforientierten Audax-Fahrten. Trotzdem mochte ich nicht dieselbe Art Radsport. Und ich hätte meine liebe Not gehabt, zu erklären, warum.

Erst 1996, als ich die Gelegenheit hatte, die Tour de France zu begleiten und den großen Fahrern näher zu kommen, begriff ich, warum ich nie Rennen gefahren bin. Unter den ehemaligen Radsportlern trifft man Leute, die den Radsport verabscheuen. Teilweise empfinden sie einen tiefen Hass und machen den Radsport für ihre eigenen Niederlagen und Zweifel verantwortlich.

Als ich mit ihnen darüber sprach, sagten mir einige, sie hätten nun, am Ende ihrer Karriere, die Nase dermaßen voll, dass sie den Radsport so schnell wie möglich vergessen wollten ... trotzdem waren sie bei der Tour de France dabei ... »wegen der Stimmung«, hieß es. Andere behaupteten, ihr Beruf habe nichts mit Rennradfahren zu tun: Er bestehe darin, Wettkämpfe zu gewinnen, und »Ausfahrten mit dem Rennrad« gehörten nicht zu ihren Zukunftsplänen. Sobald sie sich vom Wettkampf zurückgezogen hatten, war das Rad zu nichts mehr nutze.

Viele von ihnen haben mir gestanden, der Drogenmissbrauch hätte sie gezwungen, eine lange Pause einzulegen, wodurch sie stark zurückgeworfen worden waren und die Freude am Radfahren verloren hätten.

Ehemalige Profis sind oft melancholisch. Sie haben ihre schönsten Empfindungen verloren (seien sie natürlich oder künstlich), und die Sonntagsfahrer, mit denen sie einen ruhigen Lebensabend verbringen könnten, gehen ihnen auf die Nerven, weil sie sich immer mit ihnen messen wollen. Als müsste der einstige Meister immer Meister bleiben! Das verleidet einem die Kurbelei.

Ich erinnere mich an den alten Louison Bobet, der uns Kinder darum bat, in der Steigung von Longchamp hinter ihm zu bleiben.

Ohne Frage ist mir der Radsport wichtiger als der Sieg. Ich würde gern als Rennradfahrer alt werden. Ich würde in zehn, in zwanzig Jahren gern noch eine Runde mit Jean-Noël, Rémy und Sébastien drehen.

Ich fahre inzwischen viel langsamer als früher, aber da ich meine Geschwindigkeit in alle Winde zerstreut und sie nie in einen Siegerkranz oder einen Scheck verwandelt habe, schwebt sie durch die Luft der Berge, und ich sauge sie ein wie ein altes Parfum.

Doping

Einige der Jungs, die in meiner Region Radsport trieben, begaben sich regelmäßig in obskure Labore, um ihre Leistung zu verbessern.

Einmal habe ich zwei Freunde begleitet, die an einem Zeitfahren in der Forez-Ebene teilnehmen sollten. Die Rundstrecke zog sich über vierzig Kilometer, Start- und Ziellinie waren eins, eine perfekte Schleife. Man ging davon aus, dass die besten Fahrer sie in unter einer Stunde schaffen würden.

Ein komischer Vogel, den wir gut kannten und dessen größte Hoffnung es war, ein Mal schneller zu sein als seine Kameraden der Umgebung, schoss wie ein Besessener los und kehrte nach kaum zehn Minuten zurück, um die Ziellinie in entgegengesetzter Richtung zu überqueren.

Alle Welt ruderte mit den Armen, um ihn wieder zur Vernunft zu bringen, aber er ließ sich nicht beirren. Er kam auf mich zu, stieg von seinem Drahtesel und sagte: »Ich glaube, ich bin eine gute Zeit gefahren.«

Wir mussten ihn für mehrere Stunden auf der Rückbank eines Autos verstecken, damit keiner merkte, dass ihm der Schaum vor den Mund stieg, und um ihm Gelegenheit zu geben, sich wieder zu beruhigen.

Er hatte, wie man so sagt, »was eingeworfen«.

Ich habe nichts gegen Doping – das Problem ist komplexer als die Frage, ob man »dafür oder dagegen« ist –, ich hatte einfach keine Lust mitzumachen. Auch wenn die Wirkung von Amphetaminen auf die Muskelkraft bei null liegt, kann die psychologische Wirkung auf den, der sie nimmt, beachtlich sein.

Es wird oft behauptet, Radprofis würden dopen, weil der Sport so hart ist, aber der Sport ist auch deswegen hart, weil sie dopen. Das Milieu der Radprofis ist ein Drogenmilieu, und die Katze des Dopings beißt sich in den Schwanz. Es wird schon zu lange gelogen, und die heuchlerische Kluft zwischen den offiziellen Reden und den realen Praktiken ist zu groß, als dass sie sich eines Tages wieder schließen könnte.

Wenn man sich im Peloton weigert zu dopen, ist das so, als wollte man nicht »seinen Job machen«, als weigerte man sich, zu trainieren oder massiert zu werden.

Die Sportler dopen seit jeher. Als die Welt noch magisch war, war das Doping magisch, als die Welt chemisch wurde, wurde das Doping chemisch, als die Welt biologisch wurde, wurde das Doping biologisch, und morgen, wenn die Welt genetisch sein wird, wird auch das Doping genetisch sein, den Schwimmern werden Schuppen wachsen, und die Radfahrer werden mit einem Sattel zwischen den Beinen geboren werden ... Das Doping ist selbst zu einer Art Wettkampf auf hohem Niveau geworden. Man müsste sämtliche Ärzte kontrollieren.

Während der letzten Olympischen Spiele empörten sich die Zeitungen in einem arabischen Land über drei gedopte Gewichtheber, die disqualifiziert worden waren, und beklagten sich zugleich, dass das moderne Doping den reichen Ländern vorbehalten bleibe.

In dem kalifornischen Fitnessstudio, in dem ich trainierte, hing am Eingang zu den Umkleidekabinen ein kleiner Anschlag, der das Publikum auf die Gefahren hinwies, die mit der Einnahme von steroiden Anabolika einhergehen … die man ihrerseits am Tresen im Erdgeschoss erhielt. Auf einer ganzen Seite des Lokalblatts wurde die positive Wirkung von Wachstumshormonen gepriesen, die vom Internationalen Olympischen Komitee verbannt worden waren.

Ohne Wettkampf kein Doping, ohne Steuern keine Hinterziehung. Das Dumme daran ist, dass man zwar seine Wirkung und die damit verbundenen Ungerechtigkeiten kennt, aber meist sehr lange braucht, bis man weiß, welche Formen es annimmt.

Inzwischen nehmen die jüngeren Generationen samstagabends jene Drogen, die Coppi genommen hat, um die Tour de France zu gewinnen, und einige Radprofis, die öffentlich der guten alten Zeit hinterhertrauern, gehen nicht mehr zum Training, ohne ihre Mittelchen zu nehmen. Ohne sie sind die Partys traurig und die Straßen grau.

Kurbelgedanken

Jedes Jahr, wenn ich in Frankreich bin, organisieren Jacques Plaine, ein Buchhändler, der selbst Rad fährt, wenn er nicht gerade Marathon läuft, und ich ein Radrennen, das während des Bücherfests in Saint-Étienne stattfindet.

Dieses Radrennen, das den Namen »La Montée des Soleils de l'Automne« trägt, also »Der Aufstieg der Herbstsonne«, und jedes Jahr im Regen, im Wind, im Schnee und manchmal auch in der Sonne ausgetragen wird, ist zu einem festen Treffpunkt geworden.

An der Startlinie stehen Schriftsteller, Künstler, Ex-Profis, Schulkinder (die Rennrad fahren) und ein paar Alte von früher. Ich habe gesehen, wie Pierre Béarn mit seinen vierundneunzig Jahren an den Start gegangen und an diesen modernen Dingern hängen geblieben ist, die man als Rennhaken bezeichnet.

Jacques Plaine hat als Parcours den Anstieg zum Pilat bis zum Kreuz von Chaubouret gewählt, eine kräftige Steigung, deren Profil ich nicht sonderlich mag. Zumindest lässt einem der Gedanke, diesen Berg ohne Anlauf mit Volldampf zu bezwingen, wenig Raum für Genuss. Der Anstieg ist unregelmäßig und tut weh in den Beinen.

Nachdem am Gipfel die Zeit gestoppt wurde, besteht das weitere Spiel darin, sich von Dorf zu Dorf, von Glühwein

zu Glühwein, von Salami zu Tartelette wieder hinunterzu-
hangeln, um euphorisiert und gleichgültig gegenüber der
kalten Luft und den vereinzelten Schneeflöckchen in die
Stadt zurückzukehren.

Meine Freundin Yvette hatte die gute Idee, mich einmal zu
fragen, ob ich nicht einen kleinen Artikel für *Le Progrès* über
das alljährliche Wettrennen schreiben wolle. Aus techni-
schen Gründen muss dieser Artikel um dreizehn Uhr abge-
liefert werden. Wenn man die Zeit für das Rennen und die
Zeit für eine Dusche und ein sauberes Hemd zusammen-
zählt, bleibt mir nichts anderes übrig, als ihn im Anstieg zu
schreiben.

Es gibt viele Fußgänger-Dichter wie Réda oder Roubaud,
die ihre Alexandriner im Rhythmus ihrer Füße schreiben.
Radfahrer-Dichter gibt es anscheinend seltener, aber das ist
reine Achtlosigkeit dem Rad gegenüber, denn das Fahrrad
ist ein ausgezeichneter Arbeitsplatz für einen Schriftsteller.
Zunächst einmal nimmt er wie gewohnt eine sitzende Haltung ein, dann ist er von windiger Stille umgeben, die sein
Hirn gut durchlüftet und das Nachdenken begünstigt, und
schließlich erzeugt er mit seinen Beinen eine Menge ver-
schiedener Rhythmen, die wie lauter Melodien in Vers und
Prosa sind.

Die Schwierigkeit liegt jedoch darin, dass ich im Fall der
»Montée des Soleils de l'Automne« während des Schrei-
bens versuche, schnell zu klettern. Ich bin also kurzatmig,

und meine Prosa ist entsprechend abgehackt. Meine Klarsicht ist getrübt, und meine Haltung hindert mich daran, alles im Überblick zu haben. Ich bin ein tauber, blinder und atemloser Reporter.

Die Tage der friedlichen Radmarathons sind ausgezeichnete Tage, um Text zu produzieren. Ich fahre mit einem Satz, mit einer Idee los und kurble ein paar Stunden. Und manchmal komme ich mit einer fast fertigen Novelle, einem Artikel, einem Stück Text nach Hause. Wenn ich mich anschließend redigiere, bin ich in der Lage zu sagen, ob es sich um Gegenwind- oder Rückenwindprosa handelt.

Es gefällt mir, auf dem Fahrrad paradoxe Gedanken zu spinnen, Gedanken, die scheinbar unzusammenhängend sind. Zum Beispiel systematisch an Proust, an Queneau, an Calder und Howards Hawks denken, *Den Pelikan von Jonathan* von Jacques Roubaud aufsagen, *What a Man* von Georges Perec und *Oh l'ostrogoh* von Jacques Jouet rekonstruieren. Ich experimentiere gern mit den Verzerrungen, die die Anstrengung dem Text und den Gedankengängen überstülpt. Mit dem, was die frische Luft ihnen hinzufügt. Mit dem, was der Schweiß oxydiert. Mit dem, was sie meiner Leistung als Radfahrer bringen.

Es sind *verrückte* Gedanken, und ich weiß nicht genau, ob ihre methodische Ausübung sich auf die Regelmäßigkeit des Tretens oder ob sich die Regelmäßigkeit des Tretens auf die Methodik meines Denkens auswirkt.

Häufig sind diese Gedanken versponnener und freier, als sie es in einem Salon wären. Auch weniger vorzeigbar. Manchmal sind sie von den heftigen Beschleunigungen, von unvorhergesehenen Abkürzungen, von überraschenden Ausreißversuchen durchgerüttelt und durchlöchert. Sie haben nichts mit dem Gesprächsstoff zu tun, den ich mit meinen Weggefährten teile, es sind die Gedanken und Übungen eines einsamen Radfahrers. Gelegentlich dienen sie der Vorbereitung zum Schreiben.

Was ich sehr genau festmachen kann, ist der Moment, in dem der Gedanke sich von seinem Gegenstand löst, um zu einem Gedanken der reinen Anstrengung zu werden. In dem Moment, da der Rhythmus anzieht, da die Steigung steiler wird, da sich Erschöpfung breitmacht, überlässt das Denken nicht etwa »tierähnlichen Geistern« den Platz, sondern verstärkt sich im Gegenteil und verteilt sich im ganzen Körper, es wird zum Denken der Oberschenkel, zur Intelligenz des Rückens, zur Schläue der Waden. Die Entscheidung zu mutieren vollzieht sich unbewusst, und ich merke sie erst viel später, wenn die größte Anstrengung vorüber ist, wenn die Gedanken zurückströmen an ihren angestammten Platz.

Analyse

Ich glaube, wenn ich einen Psychoanalytiker hätte, würde ich ihm von den kurzen zwanghaften Sätzen erzählen, die der Rhythmus einem auferlegt und die einen manchmal während der gesamten Ausfahrt verfolgen. Auch von den Liedern, die man den ganzen Vormittag vor sich hinsingt. Von den dunklen Gedanken, die man wiederkäut und mit wütendem Pedal zu Brei stampft. Ja, davon würde ich ihm erzählen.

Am Tisch

Ich spüre den Drang, Hunger zu haben. Wirklichen körperlichen Hunger, einfach die Lust zu schlingen.

Rennradfahren zehrt. Für einen Schlemmer ist es ein Segen. Die Energie, die man beim Kurbeln verbraucht, ist so groß, dass man abends ein Loch im Magen spürt, von dem man nicht weiß, wie man es füllen soll. Dieser Hunger gehört nicht zu den Empfindungen des Sesshaften, er ist ein tiefes Glück, das jener nie kennen wird.

Für den Radfahrer gibt es zwei Sorten Mahlzeiten, zwei Sorten Appetit: währenddessen und danach.

Während der Anstrengung ist die Ernährung ein komplexes Problem. Man braucht Kalorienbomben, die leicht und schnell zu kauen, zu schlucken, zu verdauen sind. »Essen Sie, bevor Sie Hunger haben«, riet Paul de Vivie, und er hatte recht.

Angetrieben von dem Wunsch, alles richtig zu machen, und geleitet von der Erinnerung an die Brotbeutel der einstigen Radprofis, hat der heutige Rennradler manchmal den Wunsch, sich eine Hähnchenkeule einzupacken, ein klebriges Fruchttörtchen, einen Rest vom Steak, ein Schinkensandwich, um dann in der Mittagspause zu merken, dass er gar keinen Hunger hat. Der Hunger ist da, aber die

Anstrengung überdeckt die Empfindung, und die Vorstellung, eine Hühnerkeule zu essen, während man eine falsche Ebene hinauffährt, bereitet Übelkeit.

Es gibt noch größere Rätsel. So kenne ich nichts Besseres als Schokolade. Ich esse sie von früh bis spät. Ich mag, wenn sie dunkel, trocken und hart ist. Und doch habe ich auf dem Rennrad noch nie ein einziges Stück hinuntergekriegt. Das Radfahren vertreibt mir die Lust auf Schokolade, verwandelt sie in eine widerwärtige klebrige Masse. Vermutlich steckt dahinter die Weisheit, dass Genuss sich nicht akkumulieren lässt. Eins nach dem andern.

Die umgekehrte Wirkung beobachte ich beim Marzipan, das ich eigentlich nicht ausstehen kann und das sich beim Radfahren als Segen herausgestellt hat.

Ein Rennradfahrer im Sattel ist ein anderer Mensch.

Wenn der Rennradler abgestiegen ist, wird er wieder zum normalen Schlemmer, aber mit einem riesigen Loch im Magen, dem Hunger eines ganzen Pelotons. Daher rührt wohl auch die Mode bei den Profi-Pelotons und Sonntags-Gruppetti, sich auf eine Ziellinie vor einem guten Gasthof zu einigen und den Siegern dort ihren Blumenstrauß zu überreichen.

Ich bin ein großer Anhänger der Praxis, die darin besteht, die Klassiker wiederauferstehen zu lassen. So habe ich eine ausgezeichnete Erinnerung an ein Paris–Troisgros über Morvan, ein Arles–Bras über den Mont Aigoual, ein

Saint-Étienne–Loiseau über die Bourgogne, ein Paris–Gagniare über den Mont du Forez oder ein Saint-Étienne–Tournaire über die Schlucht der Loire.

Die Aussicht auf ein perfektes Abendessen kann das Treten beflügeln. Der Lachs mit Sauerampfer von Troisgros, der einen in Roanne erwartet, macht mächtig was her. Während man in den Cevennen die Serpentinen entlangfährt, kann man den Gemüseeintopf von Laguiole brodeln hören. Bei Beauzac, wo sich die Landstraße über das Loire-Tal erhebt, riecht man bereits die grünen Linsen von Puy nach Art von Tournaire.

Nach acht Stunden Radfahren wird alles zum Fest. Die Dinge werden einfacher: das Kartoffelgratin, das man am Fuße des Iseran verzehrt, die Spaghetti in der Steigung des Vars, das Wiener Schnitzel am abendlichen Großglockner.

Vor einigen Jahren fuhren mein Vater und ich gemeinsam durch Tirol, und auf einer Etappe wurde mein Vater von einer Irrsinns-Lust auf Bier gepackt. Bier, obwohl ich es quasi niemals trinke, ist ein ausgezeichnetes Getränk für den Sonntagsfahrer: Es erfrischt, ist voller Kohlenhydrate und bewirkt einen leichten Rausch, der die Schmerzen in den Beinen und den steifen Nacken im Nu fortbläst.

Üblicherweise muss man aufpassen, dass man davon nicht abhebt, aber wenn man dehydriert ist, geht es runter wie Wasser.

Mein Vater wollte also ein gezapftes Bier. In seinem rudimentären Deutsch bestellte er eins, und man servierte ihm eine Flasche. Er trank sie aus und bestellte ein »weiteres Bier«, ein »anderes«, und bekam eine Flasche Dunkles, das er leidenschaftslos leerte. Dann wiederholte er seinen Wunsch, und der verblüffte Gastwirt brachte ihm endlich sein Bier vom Fass. Die Biere wurden in Halblitergläsern serviert, und die schnelle Trinkgeschwindigkeit war selbst für Österreicher beeindruckend. Nein, mein Vater ist kein Säufer, er ist bloß Rennradler.

Eines Morgens, als ich von Paris nach Saint-Étienne fuhr und sehr früh aufgestanden war, beschloss ich gegen zehn Uhr, eine kleine Imbiss-Pause einzulegen. Ich befand mich zu diesem Zeitpunkt im Departement Cher, genau genommen in dem kleinen Dorf Apremont – einem alten, original erhaltenen Dorf, das an einem Seitenkanal des Allier liegt und vom Schloss der Schneider überragt wird, nur wenige Kilometer entfernt von der Gegend, in der René Fallet zu fahren pflegte (und nicht nur das).

Ich hielt also an einem Gasthof und bestellte frisches Brot, einen Ziegenkäse, der hart war wie Feuerstein, und ein Glas Sancerre. Es herrschte bereits eine ziemliche Hitze, und ich war froh, schon hundert Kilometer hinter mir zu haben und die Stelzen in die Sonne legen zu können. Die Stammgäste winkten mir mit der Schirmmütze zu, betrachteten mein Fahrrad, tranken Kaffee und verschwanden schweigend zur Arbeit. Als ich jedoch halb erstickt von meinem Crottin-Käse die Wirtin um ein weiteres Glas Sancerre bat, protestierte sie: »Das ist doch wohl nicht Ihr Ernst! Sie sind mit dem Fahrrad unterwegs. Wenn Sie sich betrinken, setzen Sie Ihr Leben aufs Spiel.«

Sie war so gnädig, nicht das Leben der anderen zu erwähnen – denn schließlich ist der Rennradler ein sanftes Wesen, das seinem Nächsten selten Böses will. Nachdem ich ihr gezeigt hatte, dass meine Trinkflaschen nur mit Wasser gefüllt waren, schenkte sie mir schließlich ein zweites Glas ein – aber damit auch genug.

Ermüdung

Das, wonach es mich wirklich physisch verlangt, ist die Ermüdung. Genauer gesagt, die raffinierte Palette der Ermüdungen. Denn letztlich gibt es hundert Arten, sich auf seinem Fahrrad wohl zu fühlen, genauso wie es hundert Arten gibt, darauf zu ermüden.

Meine Lieblingsermüdung ist die bei den Etappenfahrten. Wenn ich den ganzen Tag trete, überfällt mich die Müdigkeit, sobald ich den Fuß auf den Boden setze. Sie begleitet mich in den Abend und durch die Nacht. Sie ist überall und an bestimmten Stellen: Schmerzen in den Schenkeln, Schmerzen im Rücken.

Morgens bin ich steif und eingerostet, es fällt mir schwer, die Stufen hinabzusteigen. Kraftlos, lustlos schwinge ich mich auf mein Fahrrad und kurbele wie ein alter Roboter.

Zehn Kilometer weiter ist alles wie weggeblasen. Ich fühle mich wohl. Ich fühle mich sogar wohler als am Tag zuvor – die Wiederholung der Anstrengungen verbessert die Form und beschleunigt die Regeneration.

Als ich eines Sommers mit Rémy nach Saint-Étienne fuhr, stellte ich fest, dass wir jeden Morgen erst einmal eine Viertelstunde schweigsam nebeneinander herfuhren. Vermutlich ist morgens auch die Zunge des Rennradlers steif –

schließlich ist auch sie ein Muskel. Das war Zeit, die nötig war, um die Müdigkeit zu vertreiben und aus uns wieder gesprächige Menschen zu machen. Diese Müdigkeit ist gut, sie ist wie eine gute Freundin.

Vor jener anderen Ermüdung, die sich tief eingräbt und dann überraschend manifestiert, muss man auf der Hut sein. Sie sucht sich die Schulter, den Schritt, eine Sehne aus und nistet sich dort ein. Da nützt auch die beste Zaubersalbe nichts mehr.

Es bleibt einem nichts weiter übrig, als wieder zu Fuß zu gehen.

Nach einem Jahr intensiver Arbeit war ich etwas überstürzt von Paris gen Süden aufgebrochen, ohne Vorbereitung, bloß um aus meinem Gefängnis auszubrechen. Ich verließ mich auf meine langjährige »Berufserfahrung« als Ausgleich für meine fehlende Form. Der erste Tag verlief ruhig und ohne Zwischenfälle. Am zweiten Tag nistete sich ein kleines, unbedeutendes Stechen in meinem linken Knie ein. Im Laufe der Stunden wurde daraus ein starkes Stechen und schließlich ein dickes Knie.

So endete meine Ausfahrt mit dem Zug, wobei ich mein schönes Fahrrad an mich drückte, aus Angst, man könne es wie eine Rinderhälfte an einem Fleischerhaken aufhängen, und ich begab mich ins Bett.

Daraufhin schlief ich drei Tage und drei Nächte durch. Mein gutes linkes Knie hatte die Alarmglocke geläutet, um mich vor einer größeren, tieferen Erschöpfung zu warnen, die ich mit Radfahren nicht hätte vertreiben können.

Wenn man trotz der Anstrengung und trotz des Vergnügens auf die Botschaften seines Körpers achtet, kann man mit dem Fahrrad eine elegante Reise in sein Inneres machen. Eine Reise, die dauerhaft ist, ein fortwährendes Lernen, eine lebenslange Fortbildung. Der Dialog, den man mit seinen Schenkeln führt, ist ein fruchtbarer Dialog, der einem hilft, seine Grenzen kennenzulernen, seine Ausdauer zu verbessern, Schmerzen zu ertragen und das Unerträgliche rechtzeitig zu erkennen.

Das ist mir jeden Tag von Nutzen.

Ich bin stets auf der Hut vor der Melancholie, die ein tief in mir (und vor mir) verborgener Wesenszug meiner Persönlichkeit ist. Ich achte auf jeden kleinsten Abfall meines Antriebs. Denn ich weiß, wenn ich in eine Depression versinke, beginnt es mit dem Versagen der Beine. Es beginnt mit einem Phlegma beim Treten, und dann kommt der ganze Rest.

Altern

Auf dem Fahrrad altern heißt, an Ausdauer und Weisheit zu gewinnen. Es ermöglicht einem, weiter und dabei ruhiger zu treten, sich besser vorzubereiten, es mehr zu genießen.

Aber altern heißt auch, langsamer zu fahren, weniger »zu heizen«, ja, irgendwann gar nicht mehr zu heizen und schließlich darüber zu lachen, wenn man abreißen lassen muss.

Das Altern des Radsportlers ist in mancherlei Hinsicht ein Schiffbruch. Im Alter von achtundzwanzig bis zweiunddreißig bin ich am schnellsten gefahren. Seitdem geht es bergab – und es wird sich auch nicht mehr richten.

Dieser stufenweise Verfall ist erträglich. Man kann ihm mit Fatalismus oder Freundschaft begegnen: im Peloton altern. Alles, was man dazu braucht, ist wahre Liebe zum Rennrad und eine gewisse Heiterkeit.

Der große existenzielle Vorteil vom Altern der Schenkel liegt darin, dass er immer dem unabwendbaren Altern des gesamten Rennradlers vorausgeht.

Ich habe meinem Fahrrad die Aufgabe übertragen, mich vor dem Alter zu warnen. Es kommt seiner Pflicht nach.

Ausgepumpt

Die drastischen Ermüdungsschübe von Rennradlern sind sehr charakteristisch. »Platt«, »geschlaucht«, »ausgepumpt sein« sind lauter Ausdrücke, die ihre Herkunft verraten. Diese extreme Ermüdung wird recht gut von jener Figur symbolisiert, die jedes Peloton der Welt kennt: »der Mann mit dem Hammer«.

Der Mann mit dem Hammer versteckt sich hinter einer Kurve (man weiß nie, hinter welcher) und lauert einem auf. Wenn man mit frischen Waden vorbeifährt, zieht er einem seinen großen Hammer über den Schädel und verwandelt einen in Pudding. Danach kann man noch so oft wiederholen, man habe schon von weitem seinen Schatten auf dem Asphalt gesehen – das glaubt einem keiner.

Diese Art der Müdigkeit ist nicht vorhersehbar. Sie kommt allein und ist gnadenlos. Man würde seine Seele hergeben, damit es aufhört.

Mein Rennradlerleben besteht aus einer ganzen Sammlung von solchen Ermüdungen – meinen eigenen und denen der anderen. Ich habe gesehen, wie sich mein Schwager Jacques, ein starker Fahrer, an der Nordflanke des Mont Ventoux, dreihundert Meter vor dem Gipfel, in den Graben gelegt und es kategorisch abgelehnt hat, die Auffahrt zu beenden.

Ich habe gesehen, wie ich mit Jean-Loup im Zickzack den Pass von Béal hochfuhr, meinen Namen nicht mehr wusste und verzweifelt den Ausgang suchte. Ich habe gesehen, wie mein Vater auf den hundert Kilometern einer Radtouristik-Fahrt aufgeben musste und mich mit meinen zehn Jahren vorfahren ließ, mit einer Packung Butterkekse als einziger Wegzehrung.

Das Schlimmste, was man in einem solchen Fall tun kann, ist, sich »ein wenig« auszuruhen, bevor man weiterfährt. Sobald man wieder aufs Rennrad steigt, kehrt die Müdigkeit schlagartig zurück, mit allen erdenklichen Schmerzen im Schlepptau.

Es ist zu spät. Alles, was gut täte, wie Trinken, Essen oder sich Dehnen, bereitet Übelkeit. Käme in dem Augenblick jemand vorbei, würde man ihm sein Rennrad schenken, nur um es nicht mehr sehen zu müssen. Das bisschen Denkvermögen, das einem noch bleibt, zeigt viel Sinn fürs Absurde, und man möchte sich am liebsten übergeben.

Eisiger Schweiß bricht einem aus, das Gesicht wird aschfahl, und man bleibt in sich zusammengekauert auf der Böschung liegen. Der ganze Körper rebelliert.

Mit den Jahren gewinnt man den Eindruck, diese plötzlichen Leistungseinbrüche in den Griff bekommen zu können. Aber das stimmt nicht. Man kennt sie bloß. Man weiß, dass man sie überwindet, man ist weniger panisch, kommt schneller zu Kräften.

Ich denke, in dem besonderen Wesen und in der Plötzlichkeit der Ermüdung liegt einer der Gründe für das Doping.

Ein Einbruch während eines Wettkampfs misst sich in verlorenen Viertelstunden, in verlorenen Rennen. Jedes Mittel ist recht, um ihm vorzubeugen. Große Fahrer altern in wenigen Sekunden um zehn Jahre, ihre Gesichtszüge graben sich tief ein, ihre Augen verdunkeln sich. Wenn der überragende Eddy Merckx im Anstieg nach Pra Loup von Bernard Thévenet eingeholt wird, möchte man ihm am liebsten einen Liegestuhl bringen.

Es ist so, als würde sich tief im Innern etwas zusammenbrauen, ohne dass man es merkt. Ein dickes schwarzes Knäuel, das immer größer wird, während man nichtsahnend vor sich hin kurbelt. Es gibt Anzeichen für den Einbruch, aber sie unterscheiden sich nicht von denen einer normalen Ermüdung. Wenn man darüber nachdenkt, ist vielleicht die metaphysische Angst ein solches Anzeichen.

Pedalieren ist absurd – klettern, um dann wieder abzufahren, seine Runden drehen – hinter dem Berg liegt der nächste Berg, wozu also die Eile? ... Pedalieren ist absurd, genauso wie Gemüseschälen, Skifahren, Meditieren oder Leben.

Der Moment, in dem diese Fragen beim Treten auftauchen, ist ein Moment, mit dem man irgendwann rechnen muss. Es ist der Moment, in dem die Oberschenkelmuskeln vom Herz eine Sauerstoffmenge verlangen, die die Lungen nicht mehr liefern können. Es ist die Stunde des Nebels. Wenn man am Hinterrad eines Freundes hängt, gewinnt er, ohne zu beschleunigen, zwei Längen Vorsprung. Man schließt im Wiegetritt mühselig auf und verliert sofort wieder zwei Längen. Auf diese Weise spielt man zehn Mal hintereinander Gummiband, dann lässt man abreißen, in der Überzeugung, bald wieder aufzuholen. Doch in Wirklichkeit sieht man ihn das nächste Mal wieder, wenn er kehrtmacht und beunruhigt fragt, wie es einem geht. Dann betrachtet man ihn wie einen Unbekannten oder gar wie einen möglichen Kaufinteressenten für dieses widerliche Fahrrad.

Eines Tages, als ich alleine fuhr, kam gegen vier Uhr nachmittags der Mann mit dem Hammer und ich beschloss, den nächsten Gasthof anzusteuern. Ich forderte, dass man mir die Garage öffnete, verlangte ein Zimmer im Erdgeschoss (oh, allein die Vorstellung, auch nur ein Stockwerk hochsteigen zu müssen!) und weigerte mich, die Papiere auszufüllen, kurz: Ich verhielt mich derart unfreundlich, dass sich die Angestellten allmählich aufregten. Zum Glück war der Chef Rennradfahrer. »Lasst ihn in Ruhe, bei ihm ist die Luft raus«, sagte er und nahm die Dinge in die Hand. Er gönnte mir eine Ruhepause von zwei bis drei Stunden, bis ich wieder in die Wirklichkeit zurückgefunden hatte.

Jeder Einbruch ist begleitet von einem Abstieg in die Abgründe seiner selbst, in Regionen, wo es nicht viel Licht

gibt, die Dinge sich ständig neu verknüpfen und wieder auf-
lösen.

Warum verzichtet man nach einem solchen Einbruch nicht
aufs Rennradfahren?

Weil ein Einbruch eine Reise ist und ein Rennradfahrer
zunächst einmal ein Reisender.

Dann, weil sich nach einem Einbruch der Organismus
verändert. Der Einbruch hat eine reinigende Wirkung, ähnlich wie das Fasten. Man hat eine Schwelle überschritten,
die einen näher in Richtung Topform bringt – schon am
nächsten Tag, wenn die gröbste Müdigkeit wieder fortgefegt
ist, kann man sie spüren. Das führt dazu, dass manche
Profis einen solchen Schwächeanfall in ihren Trainingsplan
einbauen. Ich erinnere mich an Fignon, der drei Tage vor
einer Weltmeisterschaft alleine aufgebrochen war, um nur
mit einem Müsliriegel dreihundert Kilometer zu fahren. Er
fuhr dem Mann mit dem Hammer entgegen.

Wenn Fignon so einen Hammerschlag brauchen konnte,
gilt das auch für solche Clowns wie mich.

In Form

Der Sinn und Zweck dieses Drangs nach Ermüdung ist der Drang, in Form zu kommen.

Nichtsportler sollten sich wenigstens ein Mal in ihrem Leben den Luxus leisten, in Form zu kommen. Diese körperliche Erfahrung ist es wert, gelebt zu werden.

Selbst nach vielen Jahren des Radsporttreibens bleibt das Phänomen ein Rätsel.

Nach dem Wintertief (nicht alle Rennradfahrer haben das Glück, den Winter in der Sonne verbringen zu können), sind die ersten Ausfahrten mühsam. Sie werden von allerlei Wehwehchen begleitet. Erkältungen, Krämpfe, Lustlosigkeit. Doch schrittweise kommt man wieder in Form und findet seine Orientierungspunkte wieder.

Eines Morgens hat man den Eindruck, das Gefängnis zu verlassen. Es ist, als würde die Luft leichter, obwohl sie dieselbe ist wie am Tag zuvor, die Landschaft entfaltet sich vor einem, und am Fuße des Berges fühlt man sich an seinem Platz. Man liebt den Hügel, den man hinaufklettert, und um das zu feiern, legt man noch einen Zahn zu. Man ist in Form.

Nichts kann sich einem in den Weg stellen, und man tritt glücklich in die Pedale. Fitness ist ein Zustand, der alle Facetten des Rennradfahrens umfasst. Man kurbelt wie geölt, man klettert gut, fährt schnell ab. Man meistert Herausforderungen, die einen selbst verblüffen. Man ist glücklich.

Als ich einen Sommer in Bédoin, in der Nähe von meinem Freund Bens verbrachte, beschloss ich eines Morgens, den Ventoux hinaufzuklettern. Ich brach gegen sechs Uhr auf, um die große Hitze zu vermeiden. Es war früh am Morgen, und die Vögel sangen in den Weinbergen. Es war niemand unterwegs, und weil die Luft noch kühl war, hatte ich in dem flachen Stück und in der falschen Ebene, die dem richtigen Anstieg vorangeht, einen guten Rhythmus.

Als ich die schicksalhafte Linkskurve erreichte, die sich wie eine Rampe erhebt und einem unverhohlen klarmacht, dass es nun zur Sache geht, legte ich einen kleinen Gang ein, behielt aber meinen Rhythmus bei. Ich behielt ihn bis ganz oben bei, wenn ich auch bei jeder Korkeiche, bei jedem Busch und schließlich bei jedem Kiesel damit rechnete, einzubrechen, aber das geschah nicht.

Als ich den Gipfel erreichte (sogar die lange Steigung kurz vor der Ankunft schien mir sanft), wählte ich als Abfahrt die Strecke über Malaucène.

In Malaucène, wo es inzwischen warm geworden war, beschloss ich kurzerhand, anstatt links nach Bédoin abzubiegen und durch die Weinberge zu fahren (Côtes-du-Ventoux, AOC), einfach kehrtzumachen, und gönnte mir den Ventoux ein zweites Mal.

Mittags ging ich geduscht und frisch rasiert zu meinem Freund Bens, um mir die Flaum-Eichen im Feld gegenüber anzusehen.

Die Fitness ist eine Steigung. Darum ist das Rennradfahren im Hochgebirge eine schöne Metapher. Das Dumme an den Steigungen ist, dass es Gipfel gibt. Eines Tages steigt die Fitness nicht mehr an, sie wird launenhaft. Dann beginnt der Wechsel zwischen den Tagen »mit« und den Tagen »ohne«.

Wie die Tage sich verteilen, ist nicht vorhersehbar. Selbst die Radprofis der Tour de France haben mir anvertraut, dass dieser Frage morgens ihre erste Sorge gilt. Sie brettern die ersten Rampen hoch, um herauszufinden, ob sie weiche Waden haben oder nicht.

Alles in mir drängt nach den Tagen »mit«.

Rund

Der menschliche Körper, der so hübsche Rundungen hat, erzeugt wenig Rundes. Natürlich kann man Däumchen drehen, aber das führt nicht weit.

Rennradfahren heißt rund laufen. Daran muss man denken, wenn man in die Pedale tritt, sich gewissermaßen zur Ordnung rufen: Die Beinbewegung ist nun einmal kreisförmig, und daher muss man darauf achten, dass die Kurbeln schön rund laufen. Rennradler haben dafür ein gutes Gespür, und sobald sie aus dem Takt geraten, sobald sich die Müdigkeit breitmacht, sagen sie, dass sie »eckig« treten.

Der Rennradfahrer ist ein Kreiselsystem. Er erzeugt nicht nur die Bewegung, sondern auch das Gleichgewicht. Je schneller er die Beine bewegt, desto harmonischer wirkt es: Er hat den runden Tritt.

Wenn man zum Beispiel eine Steigung hinauffährt, ist man wie an einen Nylonfaden gebunden, der einen bis zum Gipfel zieht. Das Gleichgewicht des Rennradlers ist ein kreisförmiges Gleichgewicht.

Wenn die Räder rund laufen, laufen die Beine rund, und wenn die Beine rund laufen, gilt das auch für den Kopf.

Wenn etwas nicht rund läuft, trete ich kräftiger in die Pedale, um das Gleichgewicht zurückzuerlangen und das

Kreiselsystem wieder in Gang zu bringen. Da meinem Wesen eine gewisse Melancholie innewohnt, gegen die ich Schutzwälle aus guter Laune und Arbeit errichte, ist das Rennrad meine wichtigste Metapher, mein inneres Modell. Solange ich in die Pedale trete, bin ich im Gleichgewicht, solange ich in die Pedale trete, laufe ich rund.

Ein Grundbedürfnis in etwas Lustvolles zu verwandeln, heißt, die Glücksfähigkeit des Menschen zu erweitern. Das Bedürfnis ist etwas Dunkles, Gebieterisches, etwas, das die Abhängigkeit der Menschen untereinander charakterisiert. Es genauer zu bestimmen und darauf Lust zu haben, heißt, sich als Mensch zu definieren. Darin liegt das ganze Geheimnis der Kultur, das Geheimnis des Kochens, das Geheimnis der Güte. Darin liegt auch das Geheimnis des kleinen Fournel, der durch die weitläufige Landschaft radelt, auf wundersame Weise das Gleichgewicht auf seinen beiden Rädern hält und versucht, seinen Schatten zu fangen.

Kairo

In Kairo, wo ich einige dieser Seiten verfasse, mache ich nach fünfundvierzig Jahren kontinuierlicher Ausübung des Radsports meine erste Entzugserfahrung. Ich wüsste nicht, wo ich in dieser Stadt ein Fahrrad unterbringen könnte, ich wüsste nicht, durch welche schattigen Landschaften ich zwischen dem überfüllten Niltal und den menschenleeren Wüsten-Pisten fahren könnte.

Den Nil per Tretboot zu erkunden, reizt mich nicht. Die bleiche Wüste allein zu durchqueren, finde ich nicht attraktiv – man würde mich wahrscheinlich zerschmolzen im spärlichen Schatten einer Ruine finden. Seltsamerweise fahren die einzigen Radfahrer, denen ich in der Stadt begegne, einhändig. Mit der anderen Hand balancieren sie auf dem Kopf ein zwei Quadratmeter großes Tablett, auf dem sie zweihundert Brote – runde, mit Luft gefüllte *Baladi*-Brote, die man für ein paar Piaster an jeder Straßenecke bekommt – zur Pyramide aufgetürmt haben (eine echte Manie).

So durchqueren sie mit steifem Hals die Stadt, schlängeln sich zwischen den Autos hindurch, treten mit unruhigem Blick in die Pedale und versuchen, kleine Zwischenfälle und plötzliche Bremsungen zu antizipieren und ihnen mit einer Art Bauchtanz zu begegnen, damit das Gebäude auf ihrem

Kopf das Gleichgewicht hält. Wenn so ein Radler gelegentlich ein Brot verliert, fallen die Autos oder die Kinder darüber her, die sich um einer unverhofften Mahlzeit willen vor die Reifen werfen.

Sobald der Radfahrer die Straßenecke erreicht, wo der Foul-Bohnen-Händler seine Töpfe abgestellt hat, hält er. Dann nehmen ihm hilfreiche Hände das schwere Tablett ab, und er fährt wieder los, das nächste holen, wobei er den Lenker diesmal mit beiden Händen festhält.

Ich kann mir schlecht vorstellen, zum Kairoer Brotlieferanten umgeschult zu werden. Ich halte mich also zurück. Mein Fahrrad steht in Paris im Keller, verpackt, startbereit. Ich bleibe sitzen und warte, schwerfällig und unbeweglich.

Ich sehe zu, wie meine Oberschenkel schmelzen und mein Bauch sich wölbt.

Ich schreibe über das Radfahren und winkle dabei abwechselnd die Beine unterm Tisch an. Ich schmiede Wüsten-Pläne, lese Karten, die mir dreihundert Kilometer lange, trockene Geraden zwischen zwei Oasen anbieten. Ich frage mich, an welcher Stelle des Lenkers ich den Kompass und das GPS anbringen könnte.

Da ich kein zwei Quadratmeter großes Tablett auf dem Kopf balanciere, suche ich nach einer anderen Möglichkeit, Schatten zu bekommen.

In den ersten Tagen, den ersten Wochen, fiel mir gar nicht auf, dass ich nicht Rennrad fuhr.

Tatsächlich – und dies ist eine erschreckende Wahrheit – ist es ganz einfach, nicht Rad zu fahren. Man bleibt sonntags einfach eine Stunde länger im Bett liegen, klemmt sich, ohne darüber nachzudenken, hinter das Lenkrad seines Autos, sucht einen Parkplatz in der Nähe des Büros, die Beine tun niemals weh, der leichte Schmerz im Knie verschwindet. Nur ganz selten denkt man daran. Man sieht keine Radfahrer (»echte«) auf den Straßen, begegnet keinen auf dem Land, sieht kein Rennrad in den Schaufenstern. Man vergisst. Die Freunde schreiben, dass sie sonntags ausgefahren sind, und scheinen weiter fort zu sein denn je.

So geht das einige Wochen.

Und dann, eines Morgens, letztens, hatte ich den Eindruck zu verschwimmen. Ich merkte, dass ich keine Konturen, keine Ränder mehr besaß. Ich wusste nicht mehr genau, wo mein Körper aufhörte und die Leere begann. Ich hätte riesengroß oder verschwindend klein sein können und hätte es nicht gemerkt. Den ganzen Tag über, den ganzen Abend lang lebte ich mit diesem Zweifel, wobei ich mich von Zeit zu Zeit mit dem Finger antippte und feststellte, dass ich weich war.

Um zwei Uhr morgens weckte mich meine rechte Wade, dieses Luder, mit einem heftigen Krampf. Wir gingen gemeinsam ein Weilchen im Flur auf und ab, und in der Intimität der Dunkelheit gab sie mir sehr deutlich zu verstehen, dass es Zeit sei, wieder loszufahren.

Um ein wenig zu mogeln, machte ich mich am nächsten Morgen humpelnd auf den Weg und hielt nach einem Fitnessstudio Ausschau, das ich aber nicht fand.

Nun warte ich auf den Moment, da meine Wade über die kleine geheime Bahn, über die sie normalerweise die kurzen Befehle meines Rennradlerhirns entgegennimmt (»es geht los«, »Pause«, »wir legen noch eins drauf«), ihre schmerzhafte Botschaft an mich zurücksendet und meine Moral bis in die Socken sinken lässt. Ich weiß, sie wird mich in einen großen gefangenen Affen verwandeln, mich dazu bringen, diese Umgebung und den Horizont zu hassen, das gesamte Land zu verabscheuen, und mir den schlichten Gedanken einflüstern, dass es Zeit sei, in das kleine Land mit den hübschen Landstraßen zurückzukehren.

So sind meine Rennradlerwaden: unabhängig und starrsinnig – und mit ihnen lebe ich nun seit jenem Tag im Juli meines neunten Lebensjahrs, da ich am Hinterrad des Barons auf meinem grünen Drachen den Anstieg nach Pont-de-Lignon in Angriff genommen habe.

Radsportbücher im Covadonga Verlag